ORDEN

FUNDAMENTAL Y ORÍGENES HUMANOS

Orden de la Creación, la Primera Humanidad y la Emergencia de la Segunda Humanidad

MBRS Libro 3 — Fundamentos a Nivel de Maestría

Texto Oficial del Estudiante

DR. YERAL E. OGANDO

ORDEN FUNDAMENTAL Y ORÍGENES HUMANOS

Orden de la Creación, la Primera Humanidad y la Emergencia de la Segunda Humanidad

MBRS Libro 3 — Fundamentos a Nivel de Maestría

By

Dr. Yeral E. Ogando

Por:
Dr. Yeral E. Ogando
Redactado y publicado por:
Dr. Yeral E. Ogando
Adoptado para uso de Enseñanza por:
Yahuah Institute of Biblical Restoration, Inc.www.yahuahinstitute.org

Como el texto base para:
El Programa Master of Biblical Restoration Studies (MBRS)

Las citas de las Escrituras se toman exclusivamente de Dabar Yahuah Escrituras Yahuah – www.yahuahbible.com/es.
Este libro de texto es producido para propósitos académicos, de Enseñanzas y de formación teológica dentro del programa MBRS y cursos afiliados.
"Todos los textos de Enseñanzas utilizados por el Programa MBRS son redactados y publicados de manera independiente por el Dr. Yeral E. Ogando. El Instituto adopta estos textos únicamente para propósitos de Enseñanzas y no los posee, publica ni recibe ingresos de ellos."
ISBN: 978-1-946249-58-6

AUTORIZACIÓN Y DECLARACIÓN INSTITUCIONAL

Este libro de texto, FUNDAMENTOS DE RESTAURACIÓN BÍBLICA (Foundations of Biblical Restoration), es redactado y publicado por el Dr. Yeral E. Ogando y es adoptado y aprobado para uso de Enseñanza por Yahuah Institute of Biblical Restoration, Inc. como el texto de Enseñanza central para el programa Master of Biblical Restoration Studies (MBRS).

Todas las posiciones doctrinales, Terminología, estructuras de Enseñanzas y estándares evaluativos contenidos dentro de este volumen están gobernados exclusivamente por Dabar Yahuah - Escrituras Yahuah tal como se preservan en las Escrituras reconocidas por el Instituto: los escritos inspirados del Tanakh (Antiguo Testamento), los Apokryfos preservados, y los escritos del pacto Renovado (Nuevo Testamento).

Este texto opera dentro de un marco canónico y teológico cerrado para el ciclo académico en el cual es emitido. Ningún sistema denominacional externo, metodologías filosóficas, Yada Yahuah (teología) especulativa, o tradiciones institucionales están permitidos para gobernar la interpretación, instrucción o evaluación dentro del programa MBRS.

Esta Edición del Estudiante está autorizada para uso de Enseñanza únicamente dentro del programa MBRS.

La reproducción, distribución o uso no autorizado fuera de contextos de Enseñanzas aprobados por el Instituto está prohibida.

PREFACIO Y DECLARACIÓN DE PROPÓSITO

FUNDAMENTOS DE RESTAURACIÓN BÍBLICA (Foundations of Biblical Restoration) existe porque las Escrituras mismas demandan restauración.

Este libro de texto no fue escrito para defender sistemas denominacionales, preservar teología heredada, o armonizar marcos filosóficos con las Escrituras.

Fue escrito para permitir que Dabar Yahuah gobierne como Yada Yahuah (teología) sin conflicto.

La teología moderna a menudo comienza con suposiciones y busca en las

Escrituras apoyo. La Yada Yahuah (teología) de Restauración invierte ese orden. Las Escrituras establecen autoridad, definen categorías, diagnostican corrupción, y revelan restauración conforme a la intención divina en lugar de la tradición humana.

Este libro sirve como el texto de Enseñanza único e integrado para el Master of Biblical Restoration Studies (MBRS). Guía al estudiante desde el Testimonio de las Escrituras a través de, Yahuah: Guia de Restauración, El Origen del Mal: Verdades Bíblicas Escondidas a Plena Vista, Las Tres Humanidades™: La División de la Humanidad en el Plan de Yahuah - Volumen 1, y Las Tres Humanidades™: La Restauración de la Primera Humanidad en el Plan de Yahuah - Volumen 2—culminando en una tesis independiente.

Declaración de Propósito

El propósito de este libro de texto es:

- Establecer las Escrituras como la única autoridad gobernante
- Restaurar categorías bíblicas oscurecidas por la tradición y la traducción
- Definir el mal sin atribuir corrupción a Yahuah
- Explicar a la humanidad a través del marco de las Tres Humanidades™
- Presentar la restauración como transformación, no reparación
- Preparar a los estudiantes para defender la Restauración Yada Yahuah (teología) de manera independiente y precisa

Este texto no es devocional. No es especulativo. Es de Enseñanza, correctivo y autoritativo.

RESULTADOS DEL APRENDIZAJE DEL PROGRAMA

Master of Biblical Restoration Studies (MBRS)

Al completar exitosamente el programa MBRS, el estudiante podrá:

- Demostrar Razonamiento del pacto a través de todo el cuerpo de las Escrituras, integrando los escritos del Tanakh (Antiguo Testamento), Apokryfos, y los escritos del pacto Renovado (Nuevo Testamento) sin contradicción.

- Explicar la autoridad de las Escrituras como de origen divino, delimitada canónicamente y preservada en el pacto.
- Definir el mal, la corrupción, el juicio y la restauración usando únicamente categorías de las Escrituras, sin depender de marcos filosóficos o denominacionales.
- Articular el marco de las Tres Humanidades™ (Primera, Segunda, Tercera Humanidades y la Variante) usando antropología gobernada por las Escrituras y Yada Yahuah (teología) del linaje.
- Hacer la diferencia entre pecado, corrupción y alteración Creacional, explicando por qué la restauración requiere transformación en lugar de reparación moral.
- Aplicar disciplina del lenguaje del pacto responsablemente, demostrando cómo las palabras gobiernan la doctrina y previenen distorsión teológica.
- Defender la Restauración Yada Yahuah (teología) desde la creación hasta la consumación como un sistema unificado y consistente con las Escrituras.
- Producir y defender una tesis a nivel de maestría fundamentada exclusivamente en las Escrituras, demostrando claridad doctrinal, consistencia canónica e integridad metodológica.

CÓMO USAR ESTE LIBRO DE TEXTO

Este libro de texto está diseñado para uso estructurado y en orden cronológico dentro del programa MBRS.

- Responsabilidades del Estudiante
- Leer todas las Escrituras asignadas antes de interactuar con comentarios o explicaciones.
- Seguir el progreso de semanas y meses sin omitir secciones.
- Usar únicamente fuentes De las Escrituras aprobadas por el Instituto al completar asignaciones.
- Adherirse estrictamente a plantillas bloqueadas, indicaciones y criterios de evaluación.
- Demostrar dominio mediante claridad, uso de las Escrituras y razonamiento

disciplinado.

Estructura De Enseñanza

- Cada Término se construye sobre autoridad y doctrina previas.
- Cada Mes introduce metas de Enseñanzas definidas.
- Cada Semana se enfoca en conceptos de las Escrituras específicos.
- Las evaluaciones miden integración y razonamiento, no memorización.

Este texto no está diseñado para lectura casual.

Está diseñado para formación, corrección y calificación.

Los estudiantes que intenten eludir la estructura, introducir sistemas externos o depender de la especulación no avanzarán.

DECLARACIÓN DE INTEGRIDAD ACADÉMICA Y DE LAS ESCRITURAS

- La inscripción en el programa MBRS constituye acuerdo con los siguientes estándares:
- Las Escrituras gobiernan todas las conclusiones.
- Dabar Yahuah es la autoridad más alta.
- Ningún sistema denominacional, filosófico o especulativo puede anular las Escrituras.
- Todo trabajo debe ser original, veraz y citado con precisión.
- El plagio, la innovación doctrinal o la tergiversación de las Escrituras resulta en descalificación.
- El avance es evaluativo, no automático.

Este programa valora la claridad sobre la creatividad, la sumisión sobre la especulación y la verdad sobre la tradición.

La meta no es afirmación, sino formación.

RECURSOS DEL TEXTO AUTORIZADOS Y ACCESO

Los textos de Enseñanzas y recursos de las Escrituras usados dentro del programa Master of Biblical Restoration Studies (MBRS) se ponen a disposición a través de plataformas designadas.

Los textos de referencia primarios y materiales de apoyo redactados por el Dr. Yeral E. Ogando están abiertamente accesibles en www.yahuahdabar.com. Estos materiales pueden ser leídos en línea por cualquier visitante. El registro permite a los usuarios descargar versiones PDF de los textos bases. Estos materiales están disponibles públicamente y no están restringidos a estudiantes inscritos. Dabar Yahuah - Escrituras Yahuah, incluyendo los escritos del Tanakh (Antiguo Testamento), Apokryfos y los escritos del pacto Renovado (Nuevo Testamento), están abiertamente accesibles para lectura en línea en www.yahuahbible.com/es. Estos textos se proporcionan como la base de las Escrituras autorizada para el programa MBRS y están disponibles para todos los lectores.

Para el estudio de las Escrituras y la consulta a nivel de término, se instruye a los estudiantes a usar la Aplicación Dabar Yahuah Scriptures, incluyendo sus herramientas de la Concordancia Strong para referencia hebrea y griega. Esta herramienta se utiliza para confirmar formas de palabras, significados y uso de las Escrituras en alineación con el marco de Enseñanza del Instituto.
Los libros de texto de la Edición del Estudiante, sin embargo, no se distribuyen públicamente a través de estos sitios web. Los libros de texto del estudiante se proporcionan a través de la plataforma de Enseñanza del Instituto o canales autorizados de distribución de cursos, con la excepción de la edición impresa de Amazon.

Estas distinciones de acceso son intencionales y forman parte del marco de Enseñanza y evaluativo del Instituto.

DE TEOLOGIA A YĀDAʿ YAHUAH

Por qué Yahuah Institute of Biblical Restoration, Inc. Rechaza el término "Teología" y Restaura el Conocimiento Bíblico

INTRODUCCIÓN

Yahuah Institute of Biblical Restoration, Inc. está comprometido con restaurar la verdad bíblica a su marco del pacto original. Este compromiso requiere no solo la restauración de doctrina, sino también la restauración de lenguaje, método y autoridad.

Una de las restauraciones más fundamentales que hacemos es el rechazo deliberado del término "teología" y su reemplazo con el concepto bíblico de Yādaʿ Yahuah.
Esta decisión no es estilística, cultural ni reaccionaria.
Es lingüística, bíblica y doctrinalmente necesaria.
El Origen del Término "Teología"

La palabra teología en español se deriva del término griego θεολογία (theologia), formado de:

- θεός (theos) — dios
- λογία (logia / logos) — discurso, razonamiento, investigación filosófica

Históricamente, teología significaba "discurso razonado acerca de los dioses".
Se originó en el pensamiento filosófico griego, no en las Escrituras.
Este término fue impuesto posteriormente sobre los estudios bíblicos durante los períodos helenístico y post - Constantino, cuando categorías filosóficas griegas fueron usadas para sistematizar los textos bíblicos.
Los autores bíblicos nunca usaron este término.
Nunca describieron sus escritos, enseñanzas o revelaciones como "teología".
Por qué "Teología" Es Incompatible con las Escrituras

El concepto de teología asume:

- que Alôhîym (Dios) es un objeto de análisis,
- que la verdad se alcanza mediante razonamiento intelectual,
- y que los humanos definen conocimiento acerca de Alôhîym (Dios).

Las Escrituras presentan el orden opuesto:

- Yahuah revela,
- la humanidad recibe,
- el conocimiento fluye de la obediencia y la relación del pacto.

Los sistemas teológicos frecuentemente colocan la razón humana como la autoridad organizadora sobre la revelación.

La Escritura coloca la revelación por encima de la razón humana.

Por esta razón, teología no es un término neutral — es un marco filosófico extranjero impuesto sobre la revelación bíblica.

El hebreo No Piensa en Categorías de "-logia"

El pensamiento bíblico hebreo no comienza con sustantivos abstractos ni sistemas especulativos.

Comienza con verbos, acción y relación.

El pensamiento griego es:

- Abstracto
- Analítico
- especulativo

El pensamiento hebreo es:

- por relación
- del pacto
- revelado
- vivido y obedecido

Por lo tanto, la pregunta no es: "¿Cuál es la palabra hebrea para teología?"

La pregunta correcta es: "¿Cómo definen las Escrituras el conocer a Yahuah?"

LA RAÍZ BÍBLICA: יָדַע (YĀDAʿ)

El término bíblico fundamental es el verbo hebreo יָדַע (Yādaʿ).
Yādaʿ significa:

- conocer en relación
- conocer por experiencia
- conocer en el pacto
- conocer a través de la obediencia y el encuentro

Esto no es conocimiento teórico.

Ejemplos de las Escrituras:

- Berēšhīṯh 4:1 — "Adam conoció a Eva"
- Šhemōṯh 33:12 — "Te he conocido por tu nombre"
- Yirmeyâhû 31:34 — "Todos me conocerán"

En cada caso, conocer es por relación y experiencia, no información.

DAʿAT (תַּעַד) DEPENDE DE YĀDAʿ

El sustantivo דַּעַת (Daʿat) — "conocimiento" — se deriva de Yādaʿ.
Esto significa:

- Daʿat es el resultado de conocer,
- no la fuente de conocer.

Cuando Daʿat se separa de Yādaʿ, el conocimiento se vuelve abstracto y distorsionado — exactamente lo que ocurre en los sistemas teológicos.
Las Escrituras nunca tratan el conocimiento como una posesión intelectual independiente.
El conocimiento siempre es el fruto de la relación del pacto.

EL MARCO BÍBLICO RESTAURADO: YĀDAʿ YAHUAH

Por esta razón, el Instituto restaura la categoría bíblica:
יָדַע יְהוָה — Yādaʿ Yahuah
"Conocer a Yahuah por revelación del pacto y obediencia."

Definición Formal:
Yāda‘ Yahuah es el acto del pacto de conocer a Yahuah a través de Su autorrevelación, instrucción y obediencia vivida. No es razonamiento especulativo acerca de Alôhîym (Dios), sino conocer por relación fundamentado en fidelidad, encuentro y sumisión a Su Palabra.
Da‘at Yahuah (el conocimiento de Yahuah) es el resultado de Yāda‘, no su sustituto.
Implicaciones para la Educación y los Grados
Debido a esta restauración:

- No enseñamos teología
- Restauramos el conocimiento del pacto basado en Yāda‘
- Nuestros programas forman siervos, no analistas
- Nuestros grados representan responsabilidad del pacto y rendición de cuentas, no meramente estatus intelectual

El Instituto rechaza la filosofía abstracta griega a favor de la revelación bíblica.

CONCLUSIÓN

La restauración de la verdad requiere la restauración del lenguaje.
Teología no es una categoría bíblica.
Yāda‘ Yahuah lo es.

Al restaurar Yāda‘ Yahuah, el Instituto se alinea con:

- la autoridad de las Escrituras,
- el conocer del pacto,
- y la visión bíblica original.

Esta restauración no es opcional. Es fundamental.

DECLARACIÓN OFICIAL

"No razonamos acerca de Yahuah; lo conocemos como Él se revela."

Tabla de Contenido

TÉRMINO III — LAS TRES HUMANIDADES™
MAESTRÍA EN ESTUDIOS AVANZADOS

Formación de Posgrado · Cuatrimestres III y IV

ORIENTACIÓN ACADÉMICA – TÉRMINO III · MES 1

El Término III marca la entrada formal a la fase propia de Maestría dentro del Yahuah Institute of Biblical Restoration, Inc. Esta fase presupone la finalización exitosa del Término I (Fundamentos a Nivel Técnico Superior) y del Término II (Formación a Nivel Licenciatura), incluyendo dominio demostrado de:
Autoridad de las Escrituras y jerarquía canónica

- Razonamiento del pacto y continuidad
- Lectura jurisdiccional de la creación y la historia
- Disciplina metodológica dentro de Yadaʿ Yahuah

En este nivel, los debates fundamentales ya no se revisitan. Los Términos III y IV juntos constituyen la cúspide del programa, dedicados al análisis avanzado del orden de la creación, la humanidad, la corrupción, el juicio y la restauración tal como se revelan en las Escrituras. Estos términos asumen precisión, contención y fidelidad a la secuencia.

Las Tres Humanidades™ — Alcance del Término III

El Término III inicia con Las Tres Humanidades™, el eje central del currículo de Maestría.
El Mes 1 está dedicado por completo al Libro Uno, Las Tres Humanidades™: Las 22 Obras de la Creación, el cual establece el fundamento divino de toda realidad. Este mes aborda la creación en su nivel más alto de orden e intención. Enseña que la creación no comienza con Adam, ni siquiera con la Tierra material, sino con intención divina, autoridad hablada y realidades espirituales premateriales. El propósito del Mes 1 no es descripción, sino orientación: entrena al estudiante

a leer la creación correctamente antes de permitir cualquier discusión de desviación.

Fase metodológica — Mes 1

Durante el Mes 1:

- No se permite ninguna discusión de pecado, rebelión, corrupción, fracaso edénico, juicio o redención
- No se permite retro proyectar categorías posteriores dentro de la semana de la creación
- La creación debe leerse como perfecta, intencional, ordenada, delimitada, llena, gobernada y completa

Estos temas pertenecen a meses posteriores y no pueden entenderse correctamente a menos que la creación se establezca primero como sin carencia alguna. Cualquier intento de interpretar la corrupción antes de establecer la consumación constituye un error metodológico.

Anticipación Académicas en el Nivel de Maestría

Los estudiantes deben razonar con máxima precisión. Las suposiciones heredadas de:

- Tradición religiosa
- Antropología filosófica
- Reduccionismo científico

deben ser suspendidas. Solo las Escrituras define el orden creado, la capacidad de actuar, la secuencia y el propósito. En esta etapa, los estudiantes no tienen permitido armonizar las Escrituras con sistemas externos; deben permitir que las Escrituras gobierne la interpretación internamente.

Resultados Requeridos — Al Final del Mes 1

Al concluir el Mes 1, el estudiante debe demostrar claramente comprensión de que:

- La creación se despliega mediante obras divinas ordenadas, no por caos
- Las realidades espirituales preceden la manifestación física
- El origen de la humanidad está enraizado en la intención divina, no en el surgimiento biológico
- El hombre y la mujer son creados dentro de un sistema perfeccionado y delimitado
- El Shabbâth corona la creación como consumación santificada, no como recuperación del trabajo
- La obra de Yahuah Âlôhîym es perfecta y no carece de nada
- Estas no son conclusiones temáticas; son controles de interpretaciones.

CONSECUENCIA PROGRAMÁTICA

El Mes 1 establece la línea base no negociable para todo estudio posterior de la humanidad, corrupción, juicio y restauración dentro del currículo de Maestría de Yadaʿ Yahuah.

No internalizar y preservar los límites de interpretaciones del Mes 1 compromete todo el material posterior en Las Tres Humanidades™ y requiere repetición formal antes de avanzar al Mes 2.

TÉRMINO III· MES 1 — SEMANA 33

ENTENDIENDO EL FUNDAMENTO DIVINO DE TODAS LAS COSAS

Orden Antes que Materia

PROPÓSITO DE LA SEMANA 33

La Semana 33 funciona como orientación, no como información.
Los Capítulos 1 y 2 de Las Tres Humanidades™ establecen las reglas de interpretaciones para todo lo que sigue. Antes de que la humanidad, rebelión, corrupción, juicio o restauración puedan leerse correctamente, el estudiante debe aprender cómo las Escrituras define el origen, la prioridad y la autoridad.
Esta semana corrige un error persistente de Yada Yahuah:
la suposición de que la manifestación material marca el inicio de la realidad.

Las Escrituras, leídas en orden cronológico y en el pacto, identifican un punto de inicio distinto:
el habla ordenada, la administración espiritual y la existencia asignada preceden toda forma física.
El objetivo de la Semana 33 no es persuasión, sino disciplina de interpretación.
Los estudiantes deben aprender a leer la creación sin colapsar el espíritu en el cuerpo, la aparición en el origen, o la manifestación en la identidad.

Fundamentos Gobernantes de las Escrituras (Capítulos 1–2 — Las Tres Humanidades)

Los siguientes textos funcionan como fundamentos jurídicos, fijando la secuencia y la prioridad. No son textos de prueba; establecen límites de interpretaciones.

- Berēšhīṯh (Génesis) 1:1–5 — la palabra establece el orden antes de la materi
- Tehillim (Salmo) 33:6–9 — la creación responde al mandato, no a la fuerza
- Yôḥanan (Juan) 1:1–4 — el significado y la vida preceden la existencia material
- Êber (Hebreos) 11:3 — lo visible procede de lo invisible

- Iyôb (Job) 38:4–7 — seres celestiales presentes antes de la consumación de la Tierra
- Zakaryahu (Zacarías) 12:1 — los espíritus son formados por Yahuah, no generados por la carne
- Qoheleth (Qōheleṯh) 12:7 — el espíritu vuelve a su dador, no a la materia

Juntos, estos textos establecen la prioridad, la preexistencia y la jurisdicción sin contradicción.

EXPLICACIÓN DIDÁCTICA

Los Capítulos 1 y 2 entrenan al estudiante a leer las Escrituras conforme al orden de la fundación.
La lección gobernante no es qué fue creado, sino cuándo y por qué se asigna prioridad.

Las Escrituras presentan la siguiente jerarquía de interpretación:

- El habla precede a la estructura
- La administración espiritual precede al entorno
- La existencia precede la encarnación
- La asignación precede la manifestación

El Día Uno, por tanto, no es una introducción, sino un punto de control. Al asignar la creación de todos los ángeles y de todos los espíritus humanos (del principio al fin) al primer día, las Escrituras impide la confusión posterior entre identidad y biología.

Las 22 Obras de la Creación, distribuidas a lo largo de seis días, funcionan como un mecanismo anti-colapso. Prohíben al lector tratar creación, formación y activación como un solo evento.
El error de interpretación comienza cuando esta estructura es ignorada.

Orden como el Primer Principio de Yada Yahuah

Yada Yahuah no comienza con materia, observación u resultado.
Comienza con orden y asignación.

Al establecer primero la realidad espiritual, las Escrituras fijan:

- quién puede actuar
- dónde la acción es permitida
- cuándo la manifestación es lícita

Esto explica por qué la corrupción posterior no es accidental sino jurisdiccional. Los límites importan porque el orden existió antes de que existieran los cuerpos. Cualquier lectura que trate la forma física como origen interpretará mal la rebelión, el juicio y la restauración.

Enfoque de Alineación — Capítulos 1–2 (Las Tres Humanidades)

Al final de la Semana 33, los estudiantes deben retener las siguientes conclusiones e interpretaciones:

- El Día Uno gobierna la interpretación, no solo la cronología
- Todos los espíritus son creados antes de que aparezcan los cuerpos
- Las 22 Obras preservan la diferencia lícita entre las etapas de la creación
- La estructura precede la materia como regla, no como excepción
- Los límites definen autoridad, no limitación

Estas no son doctrinas para memorizar; son controles de lectura para aplicar a lo largo del libro.

TÉRMINOS CLAVE – SEMANA 33

- Yada Yahuah

Conocimiento restaurado derivado del orden de las Escrituras, la estructura del pacto y la secuencia lícita.

- Orden Fundacional

Aquello que se establece primero y por tanto gobierna toda interpretación posterior.

- Existencia Pre-Manifestación

Existencia asignada por Yahuah antes de la aparición física en el tiempo.

TAREAS DE ESTUDIO

Usando solo las Escrituras y los Capítulos 1–2:

• Identifique cómo la secuencia de las Escrituras establece prioridad sin explicación

• Demuestre por qué el Día Uno debe interpretar la encarnación posterior

• Explique cómo las 22 Obras previenen la confusión de categorías

• Haga la diferencia claramente entre ser creado, ser formado y ser manifestado

Evite la abstracción. Su análisis debe permanecer gobernado por el texto y orden cronológico.

PENSAMIENTOS FINALES – SEMANA 33

La creación no comienza donde los humanos la observan por primera vez.

Comienza donde Yahuah la asigna por primera vez.

Si los estudiantes aprenden a leer del orden a la manifestación, no confundirán cuerpos con identidad, ni historia con origen.

REFLEXIÓN FINAL

"Lo que es asignado primero gobierna lo que aparece después."

TÉRMINO III· MES 1 — SEMANA 34

LA GRAN OBRA DEL FIRMAMENTO

Separación, Autoridad y Estructura

PROPÓSITO DE LA SEMANA 34

La Semana 34 funciona como aclaración estructural, no como expansión narrativa.

Los Capítulos 3 y 4 avanzan la disciplina de interpretación establecida en la Semana 33 al demostrar cómo la separación opera como la arquitectura de la vida. La creación no progresa por acumulación, sino por asignación mediante división.

Esta semana corrige un error recurrente de Yada Yahuah:
la suposición de que la separación es una respuesta a la corrupción.
Las Escrituras establecen la separación antes del pecado, antes de la humanidad y antes del conflicto. La separación no es punitiva; es fundacional. Sin ella, la vida no puede funcionar, el tiempo no puede medirse y la autoridad no puede ejercerse.

El objetivo de la Semana 34 es la coherencia:
los estudiantes deben aprender a reconocer la separación como estructura intencional, no como fragmentación.

Fundamentos De las Escrituras Gobernantes
(Capítulos 3–4 — Las Tres Humanidades)
Los siguientes textos funcionan como fundamentos jurídicos, fijando la separación como condición del orden:

- Berēšhīṯh (Génesis) 1:6–8 — la división de las aguas establece ámbitos
- Berēšhīṯh (Génesis) 1:9–13 — la Tierra aparece solo después de que las aguas son contenidas

- Berēšhīṯh (Génesis) 1:14–19 — la luz es gobernada, no simplemente creada
- Tehillim (Salmo) 19:1–4 — los cielos comunican orden, no caos
- Iyôb (Job) 26:7–10 — los límites son marcados por autoridad
- Yasha'yahu (Isaías) 40:21–22 — la creación es medida y gobernada

Juntos, estos textos establecen que la separación precede la vida, la función y la medición del tiempo.

EXPLICACIÓN DIDÁCTICA

Los Capítulos 3 y 4 entrenan al estudiante a leer la creación como progreso arquitectónico.

El principio gobernante es consistente:

- Nada florece hasta que es separado
- Nada es gobernado hasta que es asignado
- Nada funciona hasta que los límites son aplicados

El Día 3 demuestra que la Tierra no puede volverse productiva hasta que las aguas sean reunidas y contenidas.

El Día 4 demuestra que el tiempo no puede funcionar hasta que la luz sea regulada y medida.

La separación, por tanto, no es ausencia: es estructura.
Esto explica por qué la rebelión posterior siempre se describe como violación de límites, no como innovación. La mezcla nunca es creada en las Escrituras; es destructiva porque desmantela una estructura que existía antes de que la vida emergiera.

La Separación como Autoridad, no como Conflicto
Dentro de Yada Yahuah, la separación establece:
- jurisdicción (qué pertenece dónde)
- función (qué opera cuándo)
- responsabilidad (qué no puede cruzar)

El cielo no es la Tierra.
La luz no es la oscuridad.
El día no es la noche.

Estas distinciones no son negociables, porque son mandadas, no descubiertas. Los Capítulos 3 y 4 demuestran que la vida aparece solo después de que la separación se completa, y la prosperidad continúa solo mientras la separación se mantiene.

Enfoque de Alineación — Capítulos 3–4 (Las Tres Humanidades)
Al final de la Semana 34, los estudiantes deben retener las siguientes conclusiones e interpretaciones:
- La separación precede la vida, no el pecado
- Los límites son mandados, no emergentes
- El firmamento es estructura, no vacío
- El tiempo existe porque la luz es regulada, no mezclada
- Mezclar las esferas (separación) produce corrupción, no progreso

Estos no son principios abstractos; son controles de lectura para entender la rebelión, el juicio y la restauración más adelante en el texto.

TÉRMINOS CLAVE – SEMANA 34

- Firmamento

La extensión estructurada que asigna esferas (separación) por mandato divino.

- Separación

División establecida por Yahuah para preservar orden, función y vida.

- Límite

Un límite que permite propósito y jurisdicción más que restricción.

TAREAS DE ESTUDIO

Usando solo la Escritura y los Capítulos 3–4:

• Identifique cómo la separación funciona como asignación más que como división

• Demuestre por qué la vida requiere contención antes de expansión

• Explique cómo el tiempo depende de la luz regulada

• Trace cómo la corrupción posterior presupone la violación de límites preexistentes

No generalice. Permanezca en el orden cronológico y gobernado por el texto.

PENSAMIENTOS FINALES — SEMANA 34

La creación no avanza por mezcla.

Avanza por separación correctamente mantenida.

Cuando los límites se honran, la vida florece.

Cuando los límites se cruzan, la corrupción sigue.

REFLEXIÓN FINAL

"Donde la separación es aplicada, el orden puede perdurar."

TÉRMINO III· MES 1 — SEMANA 35
LA CREACIÓN DE LOS ÁMBITOS TERRENALES Y LA HUMANIDAD

Vida Dentro del Orden

PROPÓSITO DE LA SEMANA 35

La Semana 35 funciona como aclaración de ubicación, no como continuación narrativa.

Los Capítulos 5 y 6 demuestran que la vida se introduce solo después de que el orden está completo, y que las Escrituras tratan a los seres vivos no como fenómenos emergentes, sino como poblaciones asignadas dentro de ámbitos definidos.

Esta semana corrige un error persistente de Yada Yahuah:
la suposición de que la vida genera el orden.
Las Escrituras presentan la secuencia opuesta: el orden precede la vida, y la vida florece solo dentro de límites ya establecidos. La aparición de criaturas vivientes en los Días 5 y 6 confirma que la creación es gobernada por nombramiento, tipo y ámbito, no por azar ni autoorganización.
El objetivo de la Semana 35 es la coherencia.
Los estudiantes deben poder trazar la emergencia de la vida sin colapsar la estructura en biología ni mayordomía en dominio.

Fundamentos de las Escrituras Gobernantes
(Capítulos 5–6 — Las Tres Humanidades, Libro 1)

Los siguientes textos funcionan como fundamentos jurídicos, fijando la vida dentro del orden previo:

- Berēšhīṯh (Génesis) 1:20–23 — la vida llena las aguas y el cielo por mandato
- Berēšhīṯh (Génesis) 1:24–25 — la vida terrestre aparece en categorías ordenadas
- Berēšhīṯh (Génesis) 2:7 — la vida humana es animada por el aliento divino, no por la materia sola

- Qoheleth (Qōheleṯh) 7:29 — la humanidad fue creada recta
- Iyôb (Job) 40–41 — el dominio sobre el Leviatán y el Behemothh pertenece a Yahuah

Juntos, estos textos establecen la vida como una realidad colocada, gobernada por tipo, límite y bendición.

EXPLICACIÓN DIDÁCTICA

Los Capítulos 5 y 6 entrenan al estudiante a leer la creación como una secuencia de gobierno.

El patrón de interpretación es consistente:

- Los ámbitos son formados antes de ser llenados
- La vida es introducida por mandato, no por proceso
- Los tipos preservan el orden
- El dominio permanece con Yahuah aun donde la humanidad no puede alcanzar

El Día 5 introduce nephesh chayah —vida carnal y respirante— solo después de que la luz, los límites, la Tierra, la vegetación y la medición del tiempo están completos. Esta secuencia prohíbe leer la vida como autogenerada o accidental.

El Día 6 (Parte 1) extiende esta lógica a la Tierra: las criaturas son introducidas en categorías, coronadas por el Behemothh como testigo visible de que los mayores poderes de la Tierra permanecen creados, delimitados y subordinados. La vida no inventa el orden; lo habita.

Vida Dentro del Orden, no Origen del Orden

Dentro de Yada Yahuah, la vida nunca se trata como autónoma.

Las Escrituras asignan:

- a las aguas sus criaturas
- al cielo sus voladores
- a la Tierra sus bestias
- a cada ámbito sus límites

La presencia del Leviatán y del Behemoth cumple un propósito jurídico: testifican que la incapacidad humana no equivale a ausencia de gobierno. Donde la humanidad no puede gobernar, Yahuah ya gobierna.
Esta lectura previene el error de interpretación posterior, donde el poder, el tamaño o el misterio se confunden con rebelión o caos.

Enfoque de Alineación — Capítulos 5–6 (Vida Dentro del Orden)
Al final de la Semana 35, los estudiantes deben retener las siguientes conclusiones e interpretaciones:

- El llenar siempre sigue al formar
- La vida "nephesh" es introducida por mandato divino, no por inevitabilidad material
- Los tipos preservan el orden biológico y del pacto
- El Leviatán y el Behemoth funcionan como testigos del dominio de Yahuah
- La mayordomía humana presupone un mundo completo y gobernado

Estos son controles de lectura, no afirmaciones zoológicas.

TÉRMINOS CLAVE – SEMANA 35

- Nephesh Chayah

Vida carnal, respirante, introducida por el mandato de Yahuah.

- Tipo

Un límite divinamente fijado que preserva el orden y la reproducción.

- Mayordomía

Gobierno responsable ejercido dentro del orden establecido por Yahuah.

TAREAS DE ESTUDIO

Usando solo las Escrituras y los Capítulos 5–6:

- ***Explique por qué el Día 5 no puede preceder la formación de las esferas (reinos)***
- ***Demuestre cómo "según su tipo" funciona como principio de ordenamiento***
- ***Identifique cómo el Leviatán y el Behemoth impiden lecturas del dominio centradas en el ser humano***
- ***Articule por qué la ubicación de la humanidad al final implica mayordomía, no autoría***

Permanezca en el orden cronológico.
No importe temas posteriores de corrupción.

PENSAMIENTOS FINALES – SEMANA 35

La humanidad no llega para definir la creación.

La humanidad llega para administrar lo que ya ha sido definido.

La vida existe porque el orden fue hablado primero.

REFLEXIÓN FINAL

"La vida florece donde el orden ya ha sido asignado."

TÉRMINO III · MES 1 — SEMANA 36

EL SHABBÂTH Y LA OBRA PERFECTA DE YAHUAH

Consumación, No Cansancio

PROPÓSITO DE LA SEMANA 36

Los Capítulos 7 y 8 se leen esta semana para establecer cómo Las Tres Humanidades™ requiere que el estudiante interprete el séptimo día: no como recuperación, sino como testimonio santificado de que la creación está Terminada y de que el tiempo mismo es apartado por orden del pacto.

Esta semana corrige un error recurrente de Yada Yahuah: leer el Shabbâth como una respuesta a la limitación. Las Escrituras posicionan el Shabbâth como el sello de la consumación—un límite de interpretación que impide a los estudiantes atribuir la corrupción posterior a una creación inconclusa.
El objetivo es la coherencia: los estudiantes deben aprender a leer el Shabbâth como consumación declarada, no como "trabajo continuado", y como santificación del tiempo, no como agotamiento.

Fundamentos de las Escrituras Gobernantes
(Capítulos 7–8 — Las Tres Humanidades, Libro 1)

Estos textos gobiernan la interpretación y deben tratarse como controladores:

- Bereshith 2:1–3 — "Terminado", "concluido", "bendijo", "santificó"
- Šhemōṯh (Éxodo) 20:11 — Shabbâth como memorial de la creación consumada
- Êber (Hebreos) 4:3–4 — se entra al reposo porque las obras ya están Terminadas
- Yôbêl (Jubileos) 2:16–18 — consumación para el sexto día; el Shabbâth como gran señal; participación celestial
- Yôbêl 2:23–24 — 22 obras alineadas con 22 cabezas para santificación y bendición

- Yôbêl 2:30–33 — la supremacía del Shabbâth entre los tiempos sagrados; testimonio perdurable

Estos fundamentos establecen finalidad, santificación y estructura del pacto.

EXPLICACIÓN DIDÁCTICA

Los Capítulos 7–8 deben leerse con un método gobernante:
Interpretar por secuencia: la consumación precede la santificación; la santificación interpreta lo que sigue.

Leer "Reposo" como Cese de Creación, no como Alivio del Trabajo
Tu tarea es identificar cómo las Escrituras definen "reposo" por su contexto inmediato:

- ¿Qué se declara como Terminado antes de que se mencione el reposo? (Gen 2:1–2)
- ¿Qué afirma Êber sobre el estado de las obras cuando se entra en el reposo? (Heb 4:3–4)

En Yada Yahuah, "reposo" aquí es una conclusión legal: la categoría de las obras ha Terminado.

Tratar el Séptimo Día como Señal Del pacto Escrita en el Tiempo
El texto requiere que lean el Shabbâth como:

- Bendito y santificado (Gen 2:3)
- una gran señal (Jubileos 2:17)

El Shabbâth no es meramente un ritmo; funciona como testigo incrustado de que el tiempo pertenece a Yahuah.
Preservar el Marco de Dos Niveles: Cielo y Tierra

Jubileos introduce una diferencia de interpretación requerida:

- El Shabbâth practicado en el Cielo
- El Shabbâth dado en la Tierra como privilegio del pacto

- No colapses la práctica celestial en costumbre humana, ni la práctica humana en ritual universalizado. El texto usa el orden Cielo-primero para establecer la autoridad y la precedencia.

- Aplicar el Patrón de 22 como Alineación Estructural, no como Numerología

Jubileos vincula las 22 obras y las 22 cabezas "para santificación y bendición". Tu responsabilidad no es embellecer este vínculo, sino leerlo como una afirmación estructural: el orden de la creación y la línea del pacto están coordinados intencionalmente.

El patrón funciona como restricción de interpretación—los estudiantes deben rastrear cómo la consumación y la santificación se extienden más allá de "eventos" hacia estructura del pacto.

Usar el Shabbâth para Evitar la Mala Atribución de la Corrupción

Una vez que el Shabbâth se lee como consumación y santificación, establece un límite:

- La corrupción posterior debe leerse como intrusión, no como defecto de diseño.
- El desorden posterior debe leerse como violación, no como creación inconclusa.

El Shabbâth es el sello de interpretación que preserva la integridad de las categorías de la creación.

Enfoque de Alineación – Capítulos 7 y 8

Al final de la Semana 36, los estudiantes deben retener estas conclusiones interpretaciones:

- El Shabbâth inicia después de la consumación; no introduce obra nueva
- El "Reposo" se define por obras Terminadas, no por cansancio

El Shabbâth es una santificación del tiempo, no un intervalo de recuperación

- El Shabbâth opera en un marco Cielo-primero, luego se vuelve señal del pacto en la Tierra

- El patrón de 22 es una alineación estructural que une el orden de la creación con el testimonio del pacto
- El Shabbâth funciona como el sello que impide culpar a la creación por la intrusión posterior

TÉRMINOS CLAVE – SEMANA 36

- Shabbâth

El séptimo día santificado que funciona como testimonio del pacto de consumación.

- Santificación

Apartar como santo, completo y perteneciente a Yahuah.

- Consumación

El estado declarado de no carecer de nada dentro de la secuencia de la semana de creación.

TAREAS DE ESTUDIO

Usando solo Bereshith 2:1–3, Šhemōṯh 20:11, Êber 4:3–4 y Yôbêl 2:16–33:

• Demuestre por qué el Shabbâth no puede interpretarse como cansancio

• Identifique los indicadores de textos específicos que establecen "consumación" antes de "santificación"

• Explique cómo el Shabbâth funciona como señal del pacto más que como carga ritual

• Muestre cómo el marco Cielo-primero gobierna la práctica terrenal del Shabbâth en el texto

Permanezca gobernado por el texto. No generalice más allá de los fundamentos asignados.

PENSAMIENTOS FINALES – SEMANA 36

El Shabbâth no es la pausa que sigue a una obra inconclusa.

Es el sello puesto sobre una obra consumada.

Cuando se lee correctamente, el Shabbâth preserva la integridad de la creación y obliga a interpretar la corrupción posterior como intrusión ajena, no como deficiencia original.

REFLEXIÓN FINAL

"El Shabbâth es el testigo de que nada quedó sin hacer."

CUATRIMESTRE III· MES 1 — REFUERZO PRINCIPAL
EL FUNDAMENTO NO NEGOCIABLE DE LAS TRES HUMANIDADES

PROPÓSITO DEL REFUERZO CENTRAL

Este Refuerzo Central asegura la base absoluta del Término III.
Si algún principio abajo es inestable, todo el estudio posterior colapsa.
El Mes 1 no explica corrupción, rebelión, juicio, fracaso edénico ni redención.
Establece lo que la creación ES antes de que algo salga mal.
Ningún estudiante puede pasar al Mes 2 sin el dominio interno de este núcleo.

PARTES CENTRALES – MES 1 (SEMANAS 33-36)

Estos no son temas.
Son controles gobernantes.

El Orden Divino Precede Toda Materia (Semana 33)
La creación comienza con la intención hablada de Yahuah, no con causalidad material

- Lo invisible precede lo visible
- El significado precede la manifestación
- El espíritu precede el cuerpo
- La autoridad precede la forma

Cualquier cosa interpretada como emergente del caos, la materia, la evolución o el azar es rechazada

La Separación es Arquitectura, no Conflicto (Semana 34)

- La separación asigna función, jurisdicción y propósito
- El firmamento es estructura, no atmósfera
- Los límites preservan vida, tiempo y claridad
- Mezclar esferas (reinos) produce corrupción

La separación es condición de vida, no reacción al pecado

La Vida es Colocada Dentro del Orden Establecido (Semana 35)

- Yahuah forma las esferas (reinos) antes de llenarlos
- La vida no inventa el orden — habita el orden
- La reproducción "según su tipo" es ambas:
  - estabilidad biológica
  - límite del pacto

Cualquier visión que trate la vida como autoorganizarte o auto definidora es rechazada

La Humanidad es Creada Dentro de un Sistema Consumado (Semana 35)

- La humanidad no es el origen del significado
- La humanidad entra en un mundo preparado, gobernado, santificado
- La mayordomía es administración, no autoría

El propósito humano es alineación, no reinvención

El Shabbâth Sella la Consumación, no Cansancio (Semana 36)

- Las 22 obras están Terminadas antes de Shabbâth
- El Shabbâth santifica el tiempo mismo
- Nada en la creación carece de corrección, evolución o reparación
- La corrupción, por tanto, es intrusión, no diseño

Si la creación fuera incompleta, la redención sería incoherente

PRINCIPIO FUNDAMENTAL DE CONTROL — MES 1

La creación es perfecta, ordenada, delimitada y completa.

Por lo tanto, la corrupción es ajena, intrusiva e ilegal.

Este principio gobierna:

- Antropología
- Juicio
- Redención
- Mesías
- Restauración

ACCIÓN OBLIGATORIA DEL ESTUDIANTE (ANTES DEL MES 2)

Los estudiantes deben:

- Releer cualquier semana donde permanezca confusión
- Eliminar suposiciones religiosas heredadas
- Rehusar importar:
    - naturaleza de pecado
    - corrupción
    - juicio
    - rebelión
    - fracaso edénico
    - en la Semana de la Creación

Preservar la secuencia creacional exactamente:

Orden → Estructura → Llenado → Mayordomía → Consumación Santificada

No internalizar el Mes 1 requiere repetición antes de avanzar.

ADVERTENCIA DEL PACTO

Si el Mes 1 se malentiende:

Eden será mal leído

- La desobediencia se confundirá con corrupción
- La humanidad será mal definida
- La redención será distorsionada
- La misión de Yahusha será mal entendida

El Mes 1 no es fundamento opcional.

Es el cimiento portante de Las Tres Humanidades.

TÉRMINO III· MES 2

RESUMEN DEL MÓDULO

Las Tres Humanidades™ — Transición de la Creación a la Humanidad

El Capítulo 9 como Entrada · El Libro 2 como Campo

El Término III · Mes 2 continúa el estudio culminante de Las Tres Humanidades™ al avanzar desde el orden de la creación (Mes 1) hacia la existencia humana dentro de ese orden consumado. Esta transición es gobernada primero por el

Capítulo 9 (Libro 1), el cual sella las 22 Obras de la Creación como Terminadas, perfeccionadas y santificadas. No se permite ningún estudio de la humanidad hasta que esta consumación esté firmemente establecida.

Solo después de confirmar que la creación está completa, el currículo procede al Libro 2, comenzando con La Primera Humanidad (Y+A=FH) —

Yahuah → Adam = La Primera Humanidad (Origen espíritu-primero, puro, incorruptible).

El Mes 2 no comienza con corrupción.

Comienza con alineación.

Este módulo examina a la humanidad tal como existía dentro del orden edénico, antes de la corrupción híbrida, antes de la aparición de La Segunda Humanidad **(AW + HW = N & NM + PW = N),**

y antes de la división del hombre mediante carne alterada.

Usando Yada Yahuah, el Mes 2 aborda pureza, autoridad, engaño, desobediencia, conciencia y restricción de acceso, sin colapsar estos eventos en doctrinas posteriores de corrupción, culpa heredada o depravación total.

Este mes no trata de la corrupción en su forma final.

Trata de la pérdida de posición, pérdida de acceso y el inicio de la vulnerabilidad—mientras la humanidad permanece plenamente humana.

Al final de este mes, el estudiante debe entender que:

- La Primera Humanidad (Y+A=FH) era qadosh, alineada y completa, pero no inmutable

- La humanidad existía en dos condiciones, no en dos creaciones
- La desobediencia entró por engaño, no por necesidad ni por fuerza
- El Nachash operó mediante media verdad, no mediante negación de Yahuah
- "Como uno de Nosotros" marca un cambio de conciencia, no divinidad ni corrupción
- La expulsión del Edén fue eliminación del acceso, no aniquilación de la humanidad

El Mes 2 explica cómo la humanidad cayó de la alineación sin dejar de ser humana, y cómo la redención comienza dentro del juicio, no después de él.

COBERTURA DE CAPÍTULOS

Semana 37 — La Primera Humanidad

• Libro 1, Capítulo 9 — La Obra Perfecta de Yahuah Âlôhîym — Sus 22 Obras, Sus 7 Días, Su Sello Eterno

• Libro 2, Capítulo 1 — La Primera Humanidad (Y+A=FH)

Semana 38 — Los Dos Tipos de la humanidad

• Libro 2, Capítulo 2 — Los Dos Tipos de la humanidad

• Libro 2, Capítulo 3 — El Origen de la Desobediencia

Semana 39 — Engaño y Conciencia

• Libro 2, Capítulo 4 — La Media Verdad del Nachash

• Libro 2, Capítulo 5 — "Como Uno de Nosotros": Conocimiento, No Corrupción

Semana 40 — Restricción, Misericordia y Separación

• Libro 2, Capítulo 6 — La Expulsión del Edén: El Primer Acto de Misericordia

• Libro 2, Capítulo 7 — La Separación de la Luz y las Tinieblas Entre los Hombres

REGLA DE INTERPRETACIÓN GOBERNANTE — MES 2

La creación está completa antes de que se despliegue la historia de la humanidad.

Por lo tanto, Edén debe leerse como:

alineación → engaño → desobediencia → conciencia → acceso restringido —no como corrupción, degeneración o pérdida de identidad creada.

TÉRMINO III· MES 2 — SEMANA 37
LA PRIMERA HUMANIDAD (Y+A=FH)

Humanidad Dentro de la Alineación Divina
(Origen espíritu-primero, puro, incorruptible)

PROPÓSITO DE LA SEMANA 37

La Semana 37 establece la línea base de interpretación para comprender La Primera Humanidad (Y+A=FH) tal como la presenta las Escrituras: qadosh, alineada y funcionando dentro de un orden de creación consumado.
Esta semana no investiga corrupción, transgresión ni consecuencia. Su única función es disciplinar la postura de la lectura del estudiante para que Yahuah → Adam = (Y+A=FH), La Primera Humanidad sea interpretada desde la creación hacia adelante, no desde la interrupción posterior hacia atrás.
El Capítulo 9 cierra el registro de la creación como completo y sellado.
El Libro 2 · Capítulo 1 abre la historia humana dentro de ese orden consumado.
Por lo tanto, el estudiante debe aprender a leer a la humanidad como colocada, no probada; alineada, no deficiente; responsable, no "caída en memoria".
No mantener esta postura produce una mala lectura de cada capítulo posterior en Las Tres Humanidades.

Fundamentos de las Escrituras Gobernantes
(Capítulo 9 + Libro 2 · Capítulo 1)

- Berēšhīṯh (Génesis) 1:26–28 — Humanidad creada con imagen, autoridad y asignación
- Berēšhīṯh (Génesis) 2:8–15 — Edén preparado antes de la colocación humana
- Qoheleth (Eclesiastés) 7:29 — La humanidad fue hecha recta
- Yôbêl (Jubileos) 2:16 — Todas las obras Terminadas antes del Shabbâth
- Yôbêl (Jubileos) 3 — Cronología de la humanidad antes de la corrupción

Estos textos gobiernan la interpretación. No se pueden importar pasajes posteriores.

EXPLICACIÓN DIDACTICA

La Humanidad Debe Leerse desde la Consumación, no desde el Colapso
El Capítulo 9 establece una regla no negociable:
la creación está Terminada, ordenada y santificada antes de que comience la historia humana.

Por lo tanto, el Libro 2 · Capítulo 1 debe leerse con esta restricción:

- La humanidad no emerge hacia la incertidumbre
- La humanidad no despierta hacia inestabilidad moral
- La humanidad no comienza en peligro o carencia

Yahuah → Adam = La Primera Humanidad es introducida dentro de un sistema perfeccionado gobernado por límites, tiempo, provisión, autoridad y Shabbâth.
El estudiante debe aprender a interpretar a la humanidad sin asumir fracaso, porque las Escrituras no lo hacen.

La Primera Humanidad es una Categoría, no un Argumento Moral

El Libro 2 · Capítulo 1 presenta Yahuah → Adam = La Primera Humanidad como un estado definido de existencia, no como un ideal abstracto.
Al leer, el estudiante debe hacer la diferencia entre:

- Estado (qadosh, alineado, instruido)
- Acción posterior (desobediencia, intrusión, corrupción)

La Semana 37 entrena al estudiante a separar la identidad de la violación posterior.
Adam y Chawwah no son "buenos hasta que ocurre lo malo".
Son buenos porque la creación es buena.

La Cronología Importa Más que la Suposición

Jubileos restaura la secuencia donde la compresión ha causado la confusión.
El estudiante debe leer con cuidado y notar:

- Los espíritus preceden a los cuerpos
- Los cuerpos preceden a la unión
- La unión precede a la tentación

- La instrucción precede a la elección

Esta secuencia no es detalle narrativo — es orden jurídico.
La responsabilidad solo existe donde ya están establecidas la instrucción y la alineación.

Edén es Contexto, no Prueba

La Semana 37 exige que el estudiante abandone la suposición de que Edén existe principalmente como una cámara de prueba.

Las Escrituras presentan a Edén como:

- preparado antes de la humanidad
- provisto antes del trabajo
- ordenado antes del mandamiento
- gobernado antes de la elección

La prueba pertenece a la intrusión posterior.
Edén pertenece a la alineación.

Enfoque de Alineación — Capítulo 9 + Libro 2 · Capítulo 1

Al final de la Semana 37, el estudiante debe retener estos puntos:

- La creación está completa antes de que la humanidad actúe
- La humanidad comienza qadosh, no neutral
- La autoridad es asignada, no tomada por fuerza
- La alineación es el estado por defecto del hombre
- La responsabilidad existe porque el orden ya existe

Estas no son conclusiones — son controles de lectura.

Términos Clave — Semana 37

- La Primera Humanidad

Yahuah → Adam = La Primera Humanidad
(Origen espíritu-primero, puro, incorruptible)

- Alineación

Armonía entre la acción humana y la instrucción divina dentro del orden establecido.

- Qadosh

Apartado por diseño, no logrado mediante recuperación.

TAREAS DE ESTUDIO

Usando solo las Escrituras gobernantes y los capítulos asignados:

• Identifique indicadores que confirman que la humanidad comienza recta

• Explique por qué Edén debe leerse como provisión, no como probación

• Demuestre cómo la consumación de la creación limita la interpretación de la humanidad

• Describa cómo la instrucción precede a la rendición de cuentas

No especule.

No anticipe corrupción.

Permanezca dentro del texto.

PENSAMIENTOS FINALES – SEMANA 37

La humanidad no comienza rota.

La humanidad comienza alineada.

La creación no explica el fracaso.

La creación expone el fracaso como ajeno.

Solo cuando Yahuah → Adam = La Primera Humanidad es entendido correctamente pueden leerse las humanidades posteriores sin distorsión.

REFLEXIÓN FINAL

"La responsabilidad solo existe donde el orden ya está establecido."

"La pureza es alineación, no ignorancia."

TÉRMINO III · MES 2 — SEMANA 38

LOS DOS TIPOS DE LA HUMANIDAD

Condición, No Especie

PROPÓSITO DE LA SEMANA 38

La Semana 38 establece una regla de interpretación decisiva dentro de Yada Yahuah de nivel Máster:
Las Escrituras no dividen a la humanidad por raza, biología u origen — sino por condición.

Esta semana entrena a los estudiantes a leer las Escrituras sin colapsar las categorías, especialmente el error de proyectar la corrupción posterior hacia atrás en la creación o en la caída. Los estudiantes aprenden a hacer la diferencia:

- Creación vs. Corrupción
- Desobediencia vs. alteración de naturaleza
- Condición vs. Especie

Esta semana depende por completo de una lectura disciplinada de Las Tres **Humanidades — Libro 2, Capítulos 2–3, y debe dominarse antes de avanzar.**

Textos Gobernantes para la Interpretación

No se les pregunta a los estudiantes qué dicen estos textos, sino qué distinciones establecen.

- Bereshith (Génesis) 1:26–27

La Humanidad creada en imagen, autoridad y alineación

- Bereshith (Génesis) 3:22

El Conocimiento adquirido, no naturaleza alterada

- Qoheleth (Qōheleṯh) 7:29

La Humanidad hecha recta en el origen

- Sefer Yôbêl (Jubileos) 3–4

La Preservación después del Edén; corrupción retrasada

- 1 Korínthios 15:45–49

Diferencia entre la humanidad gobernada por el espíritu y la humanidad gobernada por la carne

Fuente Doctrinal Principal
Las Tres Humanidades — Libro 2

- Capítulo 2: Los Dos Tipos de la humanidad
- Capítulo 3: El Origen de la Desobediencia

Marco De interpretación — Lo Que los Estudiantes Deben Aprender a Ver

- La Humanidad Se Divide por Condición, No por Creación

La Primera Humanidad (Y+A=FH) (Origen espíritu-primero, puro, incorruptible)
Hay una sola creación de la humanidad, no dos. Las Escrituras nunca presentan múltiples especies humanas. En cambio, revela dos condiciones de la humanidad que emergen en diferentes etapas de la historia.

Los estudiantes deben aprender a preguntar:

- ¿Qué cambió?
- ¿Cuándo cambió?
- ¿Qué no cambió?

Fallar aquí produce un colapso de categorías y mala lectura de las Escrituras.

La Desobediencia No Es Igual a Corrupción

El Capítulo 3 establece una diferencia no negociable en Yada Yahuah:

- Desobediencia = violación del mandato
- Corrupción = alteración de la naturaleza

Comer del Árbol introduce conciencia, no decadencia.
Se gana conocimiento; no se pierde pureza.

Los estudiantes deben demostrar desde las Escrituras solamente que:

- No aparece corrupción genética en Edén

- No aparece actividad demoníaca en Edén
- No comienza enfermedad ni decadencia de inmediato
- La humanidad permanece alineada con el Ruach

Esto confirma la identidad continua como:
Yahuah → Adam = La Primera Humanidad
(Origen espíritu-primero, puro, incorruptible)

La Preservación Después del Edén es Intencional
Una disciplina de interpretación central de la Semana 38:
Yahuah preserva a la humanidad mucho tiempo después del Edén.

Por casi 1,200 años, las Escrituras registran:

- Longevidad extraordinaria
- Ausencia de enfermedad
- Continuación del culto
- Sin opresión demoníaca
- Sin corrupción híbrida

Los estudiantes deben reconocer la preservación como restricción intencional, no demora ni ignorancia.

La Segunda Humanidad Es Introducida, No Asumida:
La Segunda Humanidad (AW + HW = N & NM + PW = N)
Significa:
1.Ángeles Vigilantes + Mujeres Humanas = Nefelinos
2.Hombres Nefelinos + Mujeres Puras = Más Nefelinos

La Escritura coloca el verdadero cambio no en Edén, sino en los días de Yârêd.
Solo cuando:

- Los Vigilantes abandonan su naturaleza asignada
- Ocurren uniones ilícitas
- Nacen descendientes híbridos

...emerge una nueva condición humana.

Esta condición es:

- Gobernada por la carne
- Alterada
- Violenta
- Espiritualmente muerta

Los estudiantes deben aprender a identificar dónde las Escrituras marcan la transición, en lugar de importar suposiciones.

Por Qué Esta Diferencia Es Necesaria para la Redención

Si la corrupción comienza en Edén:

- La creación está defectuosa
- La obra de Yahuah está incompleta
- El Shabbâth testifica falsamente

Si la corrupción comienza después:

- La creación permanece perfecta
- El juicio es justo
- La restauración restaura, no repara

La Semana 38 protege la integridad de:

- El orden de la creación
- La secuencia del juicio
- La alineación de la redención

TÉRMINOS CLAVE (SEMANA 38)

- Los Dos Tipos de humanidad

Dos condiciones espirituales de la existencia humana, no dos creaciones

- La Primera Humanidad (Y+A=FH)

Yahuah → Adam = La Primera Humanidad

(Origen espíritu-primero, puro, incorruptible)

- La Segunda Humanidad (AW + HW = N & NM + PW = N)

Humanidad alterada mediante corrupción introducida por la rebelión de los Vigilantes

- Condición

El estado interno espiritual y biológico que da forma a la existencia humana

- Preservación

La restricción de Yahuah sobre la corrupción hasta el tiempo señalado

TAREAS DE ESTUDIO

Usando solo el Libro 2, Capítulos 2–3:

• Explique la diferencia entre tipo (genero) y condición

• Identifique por qué Edén introduce conciencia, pero no corrupción

• Demuestre desde las Escrituras cuándo comienza la Segunda Humanidad

• Defienda por qué la humanidad permanece preservada después del Edén

Sin marcos externos. Sin suposiciones heredadas.

PENSAMIENTOS FINALES – SEMANA 38

"La humanidad cambió de condición, no de creación."

La caída alteró la conciencia.

La corrupción alteró la naturaleza.

Las Escrituras nunca confunden las dos.

REFLEXIÓN FINAL

"La caída altera la posición, no el origen."

TÉRMINO III· MES 2 — SEMANA 39

EL ORIGEN DE LA DESOBEDIENCIA Y LA MEDIA VERDAD DEL NACHASH

El Engaño como Puerta de Entrada

PROPÓSITO DE LA SEMANA 39

La Semana 39 establece un límite de interpretación no negociable dentro de la Yada Yahuah de nivel Máster:

La desobediencia no es corrupción.

Los estudiantes son entrenados a leer Edén sin importar categorías posteriores de alteración genética, contaminación espiritual o corrupción heredada. Esta semana se centra en cómo funciona el engaño, cómo la autoridad es encasillada en lugar de negada, y cómo el juicio contiene inmediatamente la redención.

No dominar esta diferencia colapsa el orden de la creación, tergiversa la justicia divina y distorsiona la necesidad y el tiempo de la redención.

Fundamentos De las Escrituras Gobernantes

Los estudiantes deben identificar cómo funcionan estos textos, no solo lo que reportan.

- Bereshith (Génesis) 3:1–5

El engaño opera mediante distorsión y selección parcial.

- Yôchânân (Juan) 8:44

La falsedad imita la verdad para ganar confianza

- 2 Korínthios 11:3

La corrupción de la mente ocurre mediante engaño sutil, no por fuerza

Estos textos establecen el engaño como cognitivo y por relación, no coercitivo ni transformacional.

Fuente Doctrinal Primaria

Las Tres Humanidades — Libro 2

- Capítulo 4: La Media Verdad del Nachash

- Capítulo 5: "Como Uno de Nosotros": Conocimiento, No Corrupción

Los estudiantes deben permanecer confinados a estos capítulos al formar conclusiones.

Entrenamiento De interpretación — Cómo Leer Esta Sección Correctamente
El Engaño Funciona Seleccionando la Autoridad, No Negándola
Los estudiantes deben observar que el Nachash no:

- Niega que Yahuah existe
- Niega que Yahuah habló
- Niega que existe consecuencia

En cambio, encasilla el tiempo y el resultado.
Esto establece una regla central de interpretación en Yada Yahuah:
El engaño más peligroso afirma la autoridad mientras altera la confianza.

Una Media Verdad es Más Eficaz que una Mentira

El Capítulo 4 entrena a los estudiantes a identificar precisión parcial unida a consecuencia oculta.
La Disciplina de interpretación requerida:

- Separar lo que es factualmente preciso
- De lo que es estratégicamente omitido

El Nachash habla lo que parece verdadero en el marco inmediato mientras oculta la escala temporal de Yahuah y la intención de redención.

"En el Día que Comas" Debe Leerse por Medida Divina

Los estudiantes deben ser entrenados a:

- Rechazar suposiciones de tiempo humano
- Aplicar definiciones de las Escrituras del "día" de Yahuah

El Capítulo 4 demuestra que:

- El juicio es exacto
- El cumplimiento es preciso
- La palabra de Yahuah no es exagerada ni retrasada

Esto preserva la integridad de las Escrituras y previene acusaciones de falsa advertencia o juicio injusto.

El Conocimiento Introduce Conciencia, No Alteración de la Naturaleza
El Capítulo 5 establece una diferencia de interpretación decisiva:
- El Conocimiento no equivale a corrupción
- La Conciencia no equivale a contaminación

Los estudiantes deben aprender a separar:
- Cambio de condición
- De cambio de naturaleza creada

La frase "como uno de Nosotros" debe leerse como por relación (yada), no moral ni esencial.

El Juicio Sirve Inmediatamente a la Redención
Una habilidad clave de lectura enseñada esta semana:
Nunca leer el juicio sin rastrear su función de redención.
Los estudiantes deben identificar cómo:
- La mortalidad limita la rebelión
- El exilio previene corrupción eterna
- Los límites crean restauración futura.

Esto entrena a los estudiantes a ver la redención como incrustada, no reactiva.

Enfoque de Alineación — Capítulos 4 y 5
Los estudiantes deben extraer y retener estos puntos:
- La desobediencia viola el mandato, pero no redefine la humanidad
- El Nachash opera mediante media verdad, no negación
- La muerte se cumple con precisión dentro del tiempo de Yahuah
- La mortalidad es un límite redención
- El conocimiento altera la conciencia, no la esencia
- La imagen de Alôhîym permanece intacta
- La redención comienza de inmediato, no después de un fracaso acumulado

Términos Clave (Semana 39)

- Desobediencia

Violación de la instrucción divina sin alteración de la naturaleza creada

- Nachash

El agente engañador que encasilla la verdad mediante distorsión

- Media Verdad

Precisión parcial diseñada para ocultar consecuencia

- Conciencia

Percepción moral adquirida sin participación en el mal

TAREAS DE ESTUDIO

Usando solo los Capítulos 4–5, los estudiantes deben:

• Identificar la media verdad exacta pronunciada por el Nachash

• Explicar por qué el engaño tuvo éxito sin negar a Yahuah

• Hacer la diferencia entre conciencia, desobediencia y corrupción desde las Escrituras

• Demostrar cómo el juicio limita simultáneamente la corrupción y habilita la redención

Sin suposiciones heredadas. Sin sistemas externos.

PENSAMIENTOS FINALES – SEMANA 39

La desobediencia no redefine la creación.

La conciencia no corrompe la naturaleza.

El juicio no abandona la redención.

La creación permanece intacta.

La redención ya está en movimiento.

REFLEXIÓN FINAL

"El engaño tiene éxito cuando la verdad es encasillada."

CUATRIMESTRE III· MES 2 — SEMANA 40

"COMO UNO DE NOSOTROS" Y LA EXPULSIÓN DEL EDÉN

Pérdida del Acceso, No Pérdida de la humanidad

PROPÓSITO DE LA SEMANA 40

Esta semana establece un límite de interpretación decisivo en Yada Yahuah:
La desobediencia altera el acceso y la condición — no la humanidad misma.
Las Escrituras no enseñan que Adam y Chawwâh hayan perdido su identidad, imagen o estatus creado después del Edén. En cambio, Yahuah restringe el acceso a la inmortalidad como un acto de misericordia, asegurando que la redención permanezca posible.
La Semana 40 enseña a los estudiantes cómo leer Bereshith 3 sin importar marcos de corrupción posteriores, y cómo reconocer la expulsión del Edén como el primer límite de redención, no un rechazo punitivo.

Lectura e Instrucción

- Bereshith (Génesis) 3:22–24

La humanidad obtiene conciencia, pero se le prohíbe el Árbol de la Vida para evitar la desobediencia eterna.

- Yasha'yahu (Isaías) 59:1–2

Ocurre separación, sin embargo, el poder y la intención de Yahuah para salvar permanecen sin cambio.

- Êber (Hebreos) 9:27

La mortalidad es el límite designado que permite el juicio y la redención.

Enfoque de Alineación — Las Tres Humanidades (Capítulos 6 y 7)
Los estudiantes deben extraer los siguientes puntos de interpretaciones, no el detalle narrativo:

“Como Uno de Nosotros” Se Refiere al Conocimiento, No a la Corrupción

Bereshith define el cambio explícitamente: conocimiento del bien y del mal.

- La conciencia aumenta
- La conciencia moral despierta
- La responsabilidad comienza

Nada en el texto declara corrupción de la naturaleza, pérdida de imagen o destrucción espiritual.

En Yada Yahuah, la conciencia no equivale a corrupción.

La Humanidad Permanece como la Primera Humanidad (Y + A = PH)

(Yahuah + Adam = La Primera Humanidad — origen espíritu-primero, puro, incorruptible)

Después del Edén, la humanidad permanece:

- Portadora de la imagen
- Capacidad espiritual
- Receptora de instrucción
- Conservadora de longevidad
- Mantenedora de comunión

En términos de interpretaciones: Yahuah → Adam = La Primera Humanidad (condición cambiada, origen intacto)

La Expulsión Es Misericordia Protectora, No Castigo

La preocupación de Yahuah en Bereshith 3:22 es explícita:

“No sea que tome también del Árbol de la Vida y viva para siempre...”

La inmortalidad después de la desobediencia significaría:

- Rebelión eterna
- Humanidad irredimible
- Sin Mesías
- Sin resurrección

La expulsión protege a la humanidad de la ruina permanente y preserva la posibilidad de restauración.

La Mortalidad Es un Límite de Redención

La muerte se introduce no como abandono, sino como contención.

La mortalidad:

- Previene la corrupción eterna
- Hace posible la resurrección
- Crea espacio para el Mesías
- Preserva a la humanidad para la renovación

En Yada Yahuah, la muerte no es el enemigo de la redención — es su puerta de entrada.

La Separación de la Luz y la Oscuridad Comienza Históricamente — No en el Edén

Durante casi 1,000 años después del Edén, la humanidad permanece alineada con Yahuah.

Solo más tarde aparece la verdadera corrupción con la Segunda Humanidad (AW + HW = N & NM + PW = N)

(Ángeles/Vigilantes + Mujeres Humanas = Nefelinos; Hombres Nefelinos + Mujeres Puras = más Nefelinos)

Esto marca:

- Alteración genética
- Corrupción de la carne
- Violencia y hechicería
- La verdadera división entre luz y oscuridad

El Edén introduce conciencia.

Los Vigilantes introducen corrupción.

Explicación Didáctica

La Semana 40 entrena a los estudiantes a leer las Escrituras de en orden cronológico y conforme a la ley.

- Adam llega a ser "como uno de Nosotros" en conocimiento, no en rebelión

- La humanidad pierde acceso, no identidad
- El Edén se cierra para que la redención pueda abrirse
- La separación es preservación, no rechazo

La expulsión del Edén es el primer acto redención deliberado en la historia.

TÉRMINOS CLAVE Y DEFINICIONES (SEMANA 40)

- Conciencia

Conocimiento moral adquirido sin alteración de la naturaleza creada.

- Expulsión

Restricción protectora del acceso para prevenir la corrupción eterna.

- Árbol de la Vida

La fuente de la inmortalidad sostenida, retenida para preservar la redención.

TAREAS DE ESTUDIO

Antes de continuar, los estudiantes deben:

• Explicar por qué la inmortalidad después de la desobediencia anularía la redención

• Hacer la diferencia entre conciencia, condición y corrupción usando Bereshith 3

• Identificar dónde comienza realmente la corrupción en la historia

Las respuestas deben permanecer dentro de las Escrituras y Las Tres Humanidades.

No se permiten suposiciones filosóficas o doctrinales heredadas.

PENSAMIENTOS FINALES – SEMANA 40

La pérdida de acceso no es pérdida de la humanidad.

El Edén fue cerrado para que la salvación pudiera avanzar.

Yahuah quitó a la humanidad del peligro – no del propósito.

REFLEXIÓN FINAL

"Yahuah prohibió la inmortalidad para preservar la redención."

"La misericordia a veces se ve como exilio."

CUATRIMESTRE III · MES 2 — REFUERZO CENTRAL (SEMANAS 37–40)

PROPÓSITO

Esta sección refuerza los límites de interpretaciones no negociables del Mes 2. Si algún principio a continuación no es claro, el estudiante debe regresar a la semana correspondiente antes de continuar al Mes 3.

El Mes 2 gobierna cómo la humanidad pasa de la alineación a la vulnerabilidad sin corrupción, y cómo la redención comienza dentro del juicio, no después de que la historia colapsa.

La Creación Es el Contexto Gobernante de la Humanidad (Semana 37)

- La humanidad se introduce solo después de que la creación está completada, sellada y santificada
- El Capítulo 9 (Libro 1) gobierna toda la antropología en el Libro 2
- La humanidad no emerge en caos, prueba o incertidumbre
- La Primera Humanidad (Y+A=PH) entra en un mundo ya ordenado, delimitado, iluminado y completo

Límite De interpretación:

La humanidad nunca explica la creación; la creación explica a la humanidad.

La Primera Humanidad Existe en Alineación, No en Fragilidad (Semana 37)

- La Primera Humanidad (Y+A=PH) es espíritu-primero, pura e incorruptible en origen
- La pureza no significa ignorancia; significa alineación
- La autoridad es otorgada, no tomada
- La comunión precede al mandamiento, no al revés

Límite De interpretación:

La humanidad fue creada íntegra, no probatoria.

La Humanidad Está Dividida por Condición, No por Creación (Semana 38)

- Las Escrituras presentan dos tipos de humanidad, definidos por condición espiritual
- La desobediencia no crea una nueva humanidad
- La corrupción no comienza en el Edén
- La Primera Humanidad continúa por siglos después del Edén

Límite De interpretación:
Diferencia en condición no equivale a diferencia en creación.

La Desobediencia No Es Corrupción (Semanas 38–39)

- La desobediencia introduce violación de instrucción, no alteración de la naturaleza
- Adam y Chawwâh obtienen conciencia, no maldad
- La imagen (tzelem) de Alôhîym se conserva
- La longevidad, alineación y comunión continúan

Límite De interpretación:
La ruptura del mandamiento no reescribe la creación.

El Nachash Opera Mediante Media Verdad, No Negación (Semana 39)

- El Nachash no niega la palabra de Yahuah
- Reformula el tiempo y oculta la consecuencia
- El engaño tiene éxito por verdad parcial, no por rebelión abierta
- La confianza es redirigida, no destruida

Límite De interpretación:
El engaño corrompe el entendimiento antes de corromper el comportamiento.

"Como Uno de Nosotros" Se Refiere al Conocimiento, No a la Corrupción (Semanas 39–40)

- La humanidad llega a ser como Yahuah en conocer, no en divinidad ni rebelión
- La conciencia no equivale a participación

- El conocimiento del mal no implanta el mal
- La condición cambia; la esencia no

Límite De interpretación:
La conciencia altera la responsabilidad, no la identidad.

La Expulsión del Edén Es Misericordia Protectora (Semana 40)

- La humanidad se le quita el acceso, no el propósito del pacto
- El Árbol de la Vida es restringido para prevenir la rebelión eterna
- La mortalidad se convierte en la puerta de entrada a la resurrección
- La redención comienza inmediatamente dentro del juicio

Límite De interpretación:
La pérdida de acceso no es pérdida de la humanidad.

PRINCIPIO FUNDAMENTAL ACUMULATIVO DEL MES 2

La humanidad cayó de la alineación, no de la creación.
La conciencia entró sin corrupción.
El juicio llegó portando misericordia.
La redención comenzó antes de que la historia avanzara.

ACCIÓN OBLIGATORIA DEL ESTUDIANTE (ANTES DEL MES 3)

- Releer cualquier semana donde se confundan desobediencia y corrupción
- No importar corrupción de Vigilantes, hibridación o temas de juicio al Edén
- Preservar la secuencia:

creación → alineación → engaño → desobediencia → conciencia → acceso restringido → redención

El incumplimiento de mantener esta secuencia invalida el estudio posterior de la corrupción, el juicio y la restauración.

CUATRIMESTRE III· MES 2
ENSAYO DE NIVEL MAESTRIA
EVALUACIÓN FINAL: · EDÉN, ALINEACIÓN Y CONCIENCIA

Cantidad de Palabras: 1,500–2,000 palabras

Estado: REQUERIDO

Asignación del Ensayo — Mes 2

Explique cómo las Escrituras presentan a La Primera Humanidad (Yahuah → Adam = La Primera Humanidad) como alineada, qadosh y plenamente humana dentro de un orden de creación completado, y demuestre por qué el Edén debe interpretarse como un contexto de alineación en lugar de prueba.

Su ensayo debe:

- Demostrar por qué la finalización de la creación (Capítulo 9, Libro 1) gobierna toda la interpretación de la humanidad en el Libro 2
- Hacer la diferencia claramente entre:
    - alineación y obediencia
    - desobediencia y corrupción
    - conciencia y alteración de la naturaleza
- Explicar cómo el Nachash opera mediante media verdad, reformulando la autoridad sin negar a Yahuah
- Analizar la frase "como uno de Nosotros" como un cambio en conocimiento y responsabilidad, no en divinidad ni corrupción
- Defender por qué la expulsión del Edén funciona como misericordia protectora, preservando la redención en lugar de Terminar la humanidad
- Preservar la secuencia requerida:
- creación → alineación → engaño → desobediencia → conciencia → acceso restringido → redención

- Limitantes::
- **Usar solo las Escrituras y Las Tres Humanidades (Libro 2)**

No importar:

- culpa heredada
- depravación total
- corrupción genética
- rebelión de Vigilantes

Mantener disciplina estricta de Yadaʿ Yahuah: sin superposiciones filosóficas, teológicas o denominacionales

Criterios de Evaluación

- Exactitud de las Escrituras y control de secuencia
- Precisión de categorías (alineación vs. corrupción)
- Uso fiel de la Terminología definida
- Coherencia lógica sin proyección doctrinal
- Dominio demostrado del Edén como pérdida de acceso, no pérdida de la humanidad

CUATRIMESTRE III · MES 3
VISIÓN GENERAL DEL MÓDULO
Las Tres Humanidades™ — Libro 2 y Libro 3 (Módulo de Transición)

Preservación, Propósito Profético y la Emergencia de la Corrupción
El Cuatrimestre III · Mes 3 completa el estudio formal de La Primera Humanidad (Yahuah → Adam = La Primera Humanidad) e inicia la transición controlada hacia La Segunda Humanidad (AW + HW = N & NM + PW = N).

Este mes no revisita el Edén, el orden de la creación ni la pérdida de acceso ya establecida en meses anteriores. En cambio, examina lo que las Escrituras enfatizan a continuación: preservación, separación, linaje, pureza bajo presión y preparación profética antes del conflicto abierto.

Las Escrituras no presentan el período entre el Edén y el Diluvio como moralmente indefinido o espiritualmente colapsado. Más bien, documentan una era extendida en la que la alineación es resguardada, la pureza es preservada y la memoria del pacto es mantenida intencionalmente, aun cuando las condiciones externas se deterioran.

Este mes entrena a los estudiantes a interpretar las Escrituras a través de Yada Yahuah aprendiendo a:
- Rastrear la alineación en lugar de la población
- Leer la genealogía como arquitectura del pacto
- Hacer la diferencia entre vulnerabilidad y corrupción
- Identificar la preparación antes del juicio
- Reconocer que la redención es protegida antes de ser requerida

El Cuatrimestre III · Mes 3 establece el marco de interpretación necesario para comprender por qué la corrupción más adelante se vuelve catastrófica, por qué el juicio es decisivo y por qué la preservación precede a la limpieza.

Al final de este mes, el estudiante podrá demostrar que:

- La luz y la oscuridad funcionan como estados del pacto, no como metáforas
- La pureza existe después del Edén y antes de la corrupción
- El linaje es preservado intencionalmente, no accidentalmente
- El propósito profético precede a la crisis histórica
- La emergencia de La Segunda Humanidad (AW + HW = N & NM + PW = N) es una intrusión, no un desarrollo

Este módulo forma el puente entre la humanidad preservada y la corrupción abierta.

COBERTURA DE CAPÍTULOS

Las Tres Humanidades™ — Alineación Semanal Estructurada

Cada semana de Enseñanza está basada exactamente a dos capítulos, y las semanas funcionan como entrenamiento de interpretación, no como repetición de capítulos.

Semana 41

Libro 2 — La Primera Humanidad (Yahuah → Adam = La Primera Humanidad)

- Capítulo 8 — La Línea Patriarcal de la Primera Humanidad (Yahuah → Adam = La Primera Humanidad)
- Capítulo 9 — La Pureza de la Primera Humanidad (Yahuah → Adam = La Primera Humanidad) Antes del Diluvio

Enfoque:

El linaje como continuidad del pacto; la pureza preservada bajo creciente vulnerabilidad.

Semana 42

Libro 2 — La Primera Humanidad (Y+A=PH)

- Capítulo 10 — El Propósito Profético de la Primera Humanidad (Yahuah → Adam = La Primera Humanidad)
- Capítulo 11 — La Preparación Oculta para el Conflicto Venidero

Enfoque:

Diseño profético, memoria del pacto y preparación antes de la crisis.

Semana 43

Libro 3 — La Segunda Humanidad (AW + HW = N & NM + PW = N)

- Capítulo 1 — La Naturaleza de la Segunda Humanidad (AW + HW = N & NM + PW = N)
- Capítulo 2 — La Herencia de la Segunda Humanidad (AW + HW = N & NM + PW = N)

Enfoque:

La emergencia de La Segunda Humanidad (AW + HW = N & NM + PW = N) como una intrusión corrupta carente del Ruach.

Semana 44

Libro 3 — La Segunda Humanidad (AW + HW = N & NM + PW = N)

- Capítulo 3 — Por Qué la Segunda Humanidad (AW + HW = N & NM + PW = N) No Tiene Redención
- Capítulo 4 — La Misericordia de Yahuah en Medio de la Creciente Corrupción

Enfoque:

La no redimibilidad de la línea híbrida y la preservación de Noach como el portador final no corrompido del Ruach de Adam.

Resultado del Módulo – Cuatrimestre III · Mes 3

El dominio se demuestra cuando el estudiante puede:

- Interpretar las Escrituras sin proyectar corrupción posterior hacia atrás
- Mantener precisión categórica entre pureza, vulnerabilidad y corrupción
- Rastrear la continuidad del pacto a través del linaje preservado
- Reconocer la preparación como evidencia de previsión divina
- Transicionar con precisión de La Primera Humanidad (Yahuah → Adam = La Primera Humanidad) a La Segunda Humanidad (AW + HW = N & NM + PW = N) sin colapso doctrinal

CUATRIMESTRE III · MES 3

SEMANA 41 – LA SEPARACIÓN DE LA LUZ Y LA OSCURIDAD

Diferencia Moral y Del pacto

PROPÓSITO DE LA SEMANA 41

Esta semana entrena al estudiante a identificar cómo las Escrituras señalan la separación después del Edén sin invocar corrupción, alteración genética o división de especies.

Las Escrituras no narran a la humanidad temprana por crecimiento poblacional, desarrollo tecnológico o logro cultural. En cambio, registra alineación, alejamiento y preservación. La Semana 41 establece cómo la luz y la oscuridad aparecen por primera vez entre la humanidad como orientaciones del pacto —modos de reconocimiento y lealtad— en lugar de principios abstractos.

Este marco de interpretación es esencial. Sin él, los estudiantes leerán erróneamente la genealogía, el juicio y la redención como comentario moral en lugar de continuidad estructural de la luz.

Lectura e Instrucción

Los estudiantes deben leer los siguientes pasajes con intención de interpretación, no como historia narrativa ni material devocional. Cada pasaje es asignado para entrenar al estudiante a reconocer cambios de alineación, separación del pacto y señalización del texto, según se enseña en Las Tres Humanidades.

Bereshith (Génesis) 4:1–16

- La Primera Ruptura de Alineación Registrada

Este pasaje debe leerse como la primera ruptura visible dentro de una sola familia humana, no como el origen de la corrupción ni la emergencia de una nueva humanidad.

Los estudiantes deben observar:

- Cómo la obediencia y la confianza se contrastan con la autoafirmación y el resentimiento
- Que Yahuah se dirige a Qayin antes del juicio, ofreciendo corrección
- Que la acción definitiva de Qayin es el alejamiento de la Presencia, no un cambio biológico
- Que las Escrituras rastrean la orientación por relación, no la totalidad moral

Este texto entrena al estudiante a reconocer el movimiento alejándose de la luz sin importar categorías posteriores de corrupción o hibridación.

Bereshith (Génesis) 4:25–26

- Indicador textual de realineación y preservación

Este pasaje debe leerse como una señal del pacto, no como una nota genealógica.

Los estudiantes deben identificar:

- Que el nacimiento de Shêth representa la restauración de la alineación, no el reemplazo de la humanidad
- Que "invocar el Nombre de Yahuah" señala reorientación intencional hacia la autoridad divina
- Que las Escrituras comienza a rastrear el linaje para preservación, no para reporte demográfico

Este pasaje enseña cómo las Escrituras marcan la continuidad de la luz mediante enfoque selectivo.

2 Korínthios 6:14–18

- La Confirmación Apostólica de Incompatibilidad Del pacto

Este pasaje debe leerse como una confirmación del Nuevo Pacto de un principio antiguo, no como una reinterpretación del Génesis.

Los estudiantes deben observar:

- Que la luz y la oscuridad se definen como estados del pacto e incompatibles, no como grados morales

- Que la separación funciona como preservación, no como condenación
- Que el lenguaje de Paulos refleja la misma lógica de alineación presente en el Génesis temprano

Este pasaje confirma que la separación no es una invención posterior, sino un patrón divino consistente.

Lineamientos de Instrucción

Los estudiantes no deben:

- Tratar estos pasajes como lecciones morales aisladas
- Importar suposiciones post-Diluvio, post-Tôrâh o post-Mesías
- Colapsar la separación en corrupción o división racial

Los estudiantes deben:

- Observar el movimiento del texto
- Rastrear la alineación y el alejamiento
- Aplicar la disciplina de interpretación establecida en Las Tres Humanidades

Explicación Didáctica

- La Separación Responde a la Vulnerabilidad, No a la Corrupción Inmediata

Después del Edén, la humanidad no entra inmediatamente en corrupción. En cambio, las Escrituras registran un período prolongado de vulnerabilidad moral dentro del orden creado intacto. Las señales tempranas —celos, rivalidad, resentimiento, temor— afectan el comportamiento, no la naturaleza.
Yahuah responde no destruyendo a la humanidad, sino marcando, instruyendo y separando. La separación surge como una arquitectura protectora, asegurando que la alineación permanezca rastreable.

- Qayin y Abel: Alineación, No Identidad

Qayin y Abel no representan dos especies, linajes de sangre o creaciones. Representan dos orientaciones de la voluntad dentro de la misma humanidad.

- Abel permanece alineado mediante confianza y obediencia

- Qayin resiste la corrección y se aleja de la Presencia

Las Escrituras no redefinen la humanidad de Qayin. Registran su alejamiento direccional. Este patrón se vuelve fundamental:
el alejamiento precede a la oscuridad; la oscuridad no redefine a la humanidad.

- Shêth y la Recuperación de la Alineación

Génesis 4:26 es un indicador estructural, no relleno narrativo. El texto señala que la alineación está siendo restaurada y preservada intencionalmente.

Invocar el Nombre de Yahuah marca:

- Orientación del pacto consciente
- Re-alineación comunitaria
- El comienzo de la preservación rastreada

A partir de este punto, las Escrituras siguen la luz deliberadamente, no de manera exhaustiva.

La Luz y la Oscuridad como Estados Del pacto

Tomando de Las Tres Humanidades, la luz y la oscuridad no son categorías morales abstractas. Son estados por relaciones:

- Luz: alineación con el orden, autoridad e instrucción de Yahuah
- Oscuridad: alejamiento de esa alineación

La enseñanza de Paulos confirma esta lógica. La luz y la oscuridad no pueden cogobernar. La separación se vuelve necesaria para preservar la continuidad de la redención.

Linaje como Arquitectura de redención

Las Escrituras estrechan su enfoque porque la redención requiere continuidad, no visibilidad. La línea patriarcal no es solo ascendencia —es contención.
Esto prepara al lector para la crisis venidera de la corrupción sin atribuirla erróneamente al Edén o a la desobediencia temprana.

Términos Clave y Definiciones (Semana 41)

- Luz

Alineación con el orden, instrucción y autoridad del pacto de Yahuah.

- Oscuridad

Alejamiento de la alineación divina mientras se permanece plenamente humano.

- Separación

Diferencia deliberada y de redención establecida para preservar pureza y continuidad.

TAREAS DE ESTUDIO

Los estudiantes deben completar lo siguiente:

• Identificar cómo la luz y la oscuridad se manifiestan sin lenguaje genético, racial o de especies

• Explicar por qué las Escrituras rastrean la separación y el linaje en lugar de población o cultura

• Demostrar cómo la separación preserva la redención en lugar de castigar a la humanidad

Todas las respuestas deben estar impulsadas por el texto y razonadas estructuralmente.

PENSAMIENTOS FINALES – SEMANA 41

"Las Escrituras siguen la luz, no los números."

Donde la alineación es preservada, la redención permanece posible.

Donde la separación se mantiene, la verdad permanece rastreable.

REFLEXIÓN FINAL

"Donde se preserva la luz, la verdad permanece accesible."

CUATRIMESTRE III · MES 3 — SEMANA 42

LA LÍNEA PATRIARCAL DE LA PRIMERA HUMANIDAD (Y+A=PH)

Continuidad del pacto

PROPÓSITO DE LA SEMANA 42

La Semana 42 entrena al estudiante a interpretar correctamente la estructura genealógica dentro del marco de Yada Yahuah.

Las genealogías en las Escrituras no son registros neutrales. Funcionan como indicadores de alineación, preservando la continuidad del pacto bajo creciente presión histórica. Esta semana establece cómo leer las genealogías como testigos intencionales del orden preservado, en lugar de conjuntos de datos biológicos, étnicos o cronológicos.

El estudiante debe aprender a reconocer que las Escrituras rastrean la alineación, no la población.

Lectura e Instrucción

Los estudiantes deben leer los siguientes textos antes del análisis

Bereshith (Génesis) 5:1–24

Los estudiantes deben observar:

- repetición de lenguaje por relación,
- énfasis en sucesión más que en logro,
- ausencia de la terminología de corrupción,
- consistencia del reporte de la vida útil como señales de continuidad.
- La tarea de interpretación es identificar qué continuidad se está preservando, no quién vivió más tiempo.

Luqas (Loukas) 3:23–38

Los estudiantes deben rastrear:

- continuidad hacia retrospectiva más que reemplazo hacia adelante,

- vinculación a través de pactos,
- preservación de identidad más que escalamiento de estatus.

La genealogía está funcionando como validación, no como expansión.

Êber (Hebreos) 11:5

Chanok funciona como

- la comunión con Yahuah se muestra posible fuera del Edén,
- la traslación ocurre sin muerte,
- la alineación precede la disrupción posterior.

Este versículo arraiga la continuidad antes de la corrupción.

Lectura del Libro de Texto del Estudiante

Las Tres Humanidades — Libro 2

- Capítulo 9
- Capítulo 10

Los estudiantes no están resumiendo estos capítulos.

Están extrayendo principios de interpretaciones que gobiernan el linaje, la preservación y el propósito.

Marco De interpretación (Enfoque Yada Yahuah)

La Genealogía como Evidencia de Alineación

Dentro de Yada Yahuah, la genealogía funciona como testimonio ordenado.

Las Escrituras usan el linaje para demostrar:

- instrucción preservada,
- identidad estable,
- transmisión ininterrumpida de propósito.

Los estudiantes deben rechazar la suposición de que la genealogía equivale solo a ascendencia.

Equivale a continuidad de alineación.

Continuidad Antes de la Corrupción
Los Capítulos 9–10 establecen que la corrupción no se asume, sino que se introduce históricamente.

Por lo tanto:
- las genealogías funcionan como una estructura de control pre-corrupción,
- la preservación se demuestra antes de que el juicio sea requerido,
- la disrupción posterior es medible porque la continuidad ya existía.

Esto protege la interpretación de proyectar el colapso posterior hacia atrás.

Transmisión vs. Herencia
Yada Yahuah requiere diferencia entre:
- herencia biológica
- transmisión del pacto

La línea patriarcal transmite:
- instrucción,
- práctica de adoración,
- memoria,
- orientación por relación hacia Yahuah.

La alineación se enseña, se resguarda y se modela, no se codifica genéticamente.

La Primera Humanidad (Y+A=PH) como Estándar de Referencia
La Primera Humanidad (Y+A=PH) funciona como la condición de referencia, no como una fase temporal.
Todas las desviaciones posteriores se miden contra este orden preservado.
El juicio ocurre porque la alineación fue conocida, modelada y mantenida.
Sin este estándar, la corrupción sería indefinida.

Redención como Continuidad Arraigada
La redención no es reactiva dentro de Yada Yahuah.
Las genealogías demuestran que:

- el propósito es preservado antes de la crisis,
- la alineación precede la confrontación,
- la restauración devuelve a la humanidad a una condición conocida, no a un ideal abstracto.

La continuidad arraiga la restauración.

Enfoque de Alineación — Capítulos 9 y 10

Los estudiantes deben extraer y articular:

- La Alineación como condición preservada
- La Pureza como responsabilidad resguardada
- La Genealogía como testigo estructural
- La Redención como propósito pre - incrustado
- La Continuidad a través de etapas del pacto

Estos son controles de interpretaciones, no afirmaciones doctrinales.

TÉRMINOS CLAVE (SEMANA 42)

- Línea Patriarcal

Una secuencia preservada que mantiene alineación del pacto.

- Genealogía

Un registro estructural que demuestra continuidad de propósito.

- Continuidad

Transmisión sostenida de instrucción e identidad.

TAREAS DE ESTUDIO

Los estudiantes deben completar lo siguiente analíticamente:

• Explicar por qué las Escrituras registran este linaje y excluye otros

• Demostrar cómo la alineación se transmite a través de generaciones

• Mostrar cómo la genealogía funciona como evidencia del pacto

Condicionantes:

• Usar las Escrituras directamente

• Sin reconstrucción narrativa

• Sin suposiciones de etapas posteriores

ORIENTACIÓN FINAL — SEMANA 42

Las Escrituras preservan el linaje para preservar el orden.

El orden salvaguarda el propósito.

El propósito habilita la restauración.

REFLEXIÓN FINAL

"La continuidad es cómo el propósito sobrevive la presión."

CUATRIMESTRE III· MES 3 — SEMANA 43

LA PUREZA DE LA PRIMERA HUMANIDAD ANTES DEL DILUVIO

Pureza Bajo Presión

PROPÓSITO DE LA SEMANA 43

Esta semana entrena a los estudiantes a aplicar Yada Yahuah como un control de interpretación al acercarse a textos que describen tanto la preservación como la corrupción emergente.

La meta no es determinar si existe corrupción, sino enseñar a los estudiantes cómo las Escrituras hacen la diferencia entre la humanidad preservada de la intrusión corrompida sin colapsar las categorías.

Se enseña a los estudiantes a reconocer un fracaso de interpretación común: tratar la aparición de corrupción como prueba de condición universal.
La Semana 43 establece el principio metodológico de que la pureza es un estado definible y rastreable que debe evaluarse en contexto, no asumirse retrospectivamente.

Lectura e Instrucción

Los estudiantes deben leer los siguientes textos analíticamente, aplicando control de categorías y secuenciación temporal.
Escritura Primaria

- Bereshith (Génesis) 6:1–8

Los estudiantes deben identificar lo que el texto afirma, lo que limita y lo que no universaliza.

- Bereshith (Génesis) 5:28–29

Observe cómo se establece la continuidad antes de que se introduzca el juicio evaluativo.

- Chănôk 1:1–2

Determine lo que implica la presencia de la revelación acerca del acceso, la alineación y la audiencia en esta etapa.

Las Tres Humanidades — Libro Tres, Capítulos 1–2

Los estudiantes deben hacer la diferencia, no reproducir, las definiciones encontradas allí.

Entrenamiento De interpretación: Aplicación de Yada Yahuah

Haciendo la diferencia entre Presencia y Dominio

Los estudiantes deben aprender a preguntar:

- ¿Describe el texto la existencia, el aumento o la totalidad?
- ¿Se describe la corrupción como introducida, propagándose o definiendo a toda la humanidad?

Regla de Yada Yahuah:

Una condición no es universal a menos que el texto elimine toda diferencia.

Control de Categorías: Origen vs. Condición

La Semana 43 requiere que los estudiantes mantengan separación estricta entre:

1. Lo que Yahuah formó
2. Lo que la rebelión introdujo

Esto no es una diferencia moral sino categórica.

Regla de Yada Yahuah:

No asigne propiedades de una categoría introducida a una original a menos que el texto explícitamente las fusione.

El Lenguaje Evaluativo Requiere un Estándar

Los estudiantes deben identificar:

- Quién es evaluado
- Por qué medida
- Contra qué punto de referencia

El lenguaje del juicio solo funciona si existe un estado de referencia preservado.
Regla de Yada Yahuah:
El juicio presupone continuidad de un estándar evaluativo.

Disciplina Temporal
Los estudiantes deben resistir leer resultados posteriores en retroceso.
Pregunta clave:
- ¿Está el texto describiendo un proceso o una condición completada?

Regla de Yada Yahuah:
La destrucción posterior no define la identidad anterior.

Enfoque de Alineación — Puntos De interpretaciones (Semana 43)
Los estudiantes deben demostrar dominio de los siguientes puntos metodológicos, no conclusiones doctrinales:
- La pureza debe identificarse en contexto, no asumirse ausente
- La corrupción debe localizarse antes de poder generalizarse
- La intrusión no redefine la creación
- El lenguaje de juicio implica diferencia preservada
- La continuidad debe refutarse, no presumirse rota

Términos Clave Semana 43
- Pureza

Un estado preservado en contexto de alineación identificable mediante diferencia y continuidad.

- Presión

La presencia de condiciones competencias sin fusión categórica.

- Colapso De interpretación

El error de asignar condiciones definidas posteriormente a estados de textos anteriores.

TAREAS DE ESTUDIO

Los estudiantes deben completar lo siguiente:

• Identificar dónde el texto mantiene la diferencia en lugar de colapsar la humanidad

• Demostrar cómo Yada Yahuah previene las suposiciones retrospectivas de corrupción

• Explicar por qué las Escrituras pueden describir la oscuridad creciente sin redefinir a la humanidad en su conjunto

Todas las respuestas deben basarse en la estructura y formulación del texto, no en conclusiones narrativas.

INSTRUCCIÓN FINAL — SEMANA 43

La Semana 43 no enseña qué creer acerca de la humanidad pre-Diluvio.

Enseña cómo leer los textos sin violar su estructura.

Yada Yahuah no permite suposición.

Exige disciplina, secuencia e integridad de categorías.

CUATRIMESTRE III· MES 3 — SEMANA 44

EL PROPÓSITO PROFÉTICO Y LA PREPARACIÓN OCULTA PARA EL CONFLICTO

Destino Antes de la Crisis

PROPÓSITO DE LA SEMANA 44

La Semana 44 entrena al estudiante a leer textos de transición sin colapsar categorías, importar suposiciones posteriores o moralizar distinciones estructurales.

El objetivo de la Enseñanza no es lo que sucedió, sino cómo las Escrituras señalan el movimiento de preservación a confrontación.
Esta semana establece un principio gobernante de Yada Yahuah:
Yahuah prepara estructuralmente antes de responder históricamente.
Los estudiantes son entrenados a identificar indicadores precrisis, no resultados de crisis.

Lectura e Instrucción

Los estudiantes deben leer los textos asignados como indicadores de alineación y capacidad, no como eventos narrativos.
Escritura Primaria

- Bereshith (Génesis) 6:9

Observe cómo las Escrituras califican a Noach dentro de las generaciones, no meramente como un individuo.

- Chănôk10:1–14

Identifique la respuesta ordenada (contención, separación, preservación) antes del juicio global.

- Amos 3:7

Establezca la regla de que el juicio sigue a la revelación, nunca la precede.

Lectura del Libro de Texto del Estudiante

Las Tres Humanidades — Libro Tres

- Capítulo 3
- Capítulo 4

Los estudiantes no deben volver a declarar estos capítulos.
Deben extraer la lógica estructural que gobierna la redención, la capacidad y la preservación.

Explicación Didáctica

La Semana 44 enseña al estudiante a hacer la diferencia entre:

- Corrupción dentro del diseño
- Intrusión fuera del diseño

Las Escrituras no tratan a todos los seres por igual porque la capacidad no es igual.

Cuando las Escrituras se mueven de:

- La Primera Humanidad (Y + A = PH)

(Yahuah → Adam = humanidad espíritu-primero)
→ a →

- La Segunda Humanidad (AW + HW = N & NM + PW = N)

(Vigilantes Angélicos + Mujeres Humanas = Nefelinos; y Hombres Nefelinos + Mujeres Puras = Más Nefelinos)
no describe declive moral —
marca disrupción esencial

Esta diferencia explica:

- por qué la preservación precede al juicio
- por qué Noach es definido generacionalmente
- por qué la redención es protegida, no expandida

Yada Yahuah lee linaje, aliento y capacidad — no sentimiento.

Enfoque de Alineación — Puntos De interpretaciones (Semana 44)
De los Capítulos 3 y 4, los estudiantes deben extraer estructuras de discernimiento, no conclusiones doctrinales.

- La Capacidad Determina la Elegibilidad De redención

La redención requiere continuidad portadora del Ruach, no potencial ético.

- La Intrusión no equivale a Caída

La Segunda Humanidad (AW + HW = N & NM + PW = N) no es una forma caída de
La Primera Humanidad (Y + A = PH).

- La Preservación Es un Acto Pre-Juicio

Noach es preservado antes de que la narrativa del Diluvio se intensifique.

- La Misericordia Opera Estructuralmente

La misericordia no es restricción emocional; es salvaguarda del pacto.

- El Conflicto Activa el Diseño Existente

La crisis revela la preparación — no la crea.

TÉRMINOS CLAVE SEMANA 44

- Yada Yahuah

El acto del pacto de conocer a Yahuah a través de Su autorrevelación, instrucción y obediencia vivida. No es razonamiento especulativo acerca de Alôhîym, sino conocimiento por relación fundamentado en fidelidad, encuentro y sumisión a Su Palabra.

- Preservación

Salvaguarda intencional de la continuidad de redención antes de la confrontación.

- Capacidad

La habilidad de recibir el pacto, la corrección y la restauración.

TAREAS DE ESTUDIO

Los estudiantes deben demostrar control de interpretación completando lo siguiente:

- ***Explicar por qué la redención no puede extenderse sin capacidad de Ruach***
- ***Identificar cómo las Escrituras marcan la transición sin el colapso***
- ***Demostrar por qué Noach funciona como un puente estructural, no una excepción moral***

Todas las respuestas deben permanecer dentro de Yada Yahuah y solo en los textos asignados.

ÉNFASIS DE ENSEÑANZA FINAL – SEMANA 44

La Semana 44 no trata acerca del juicio.

Trata acerca de cómo las Escrituras enseñan a los estudiantes a reconocer la inevitabilidad sin inevitabilismo.

Nada sorprende a Yahuah.

Nada interrumpe Su diseño.

Nada avanza sin preparación.

REFLEXIÓN FINAL

La preparación no es reacción retrasada – es previsión revelada.

REFUERZO CENTRAL DEL CUATRIMESTRE III· MES 3
PRESERVACIÓN, CORRUPCIÓN Y PRESCIENCIA PROFÉTICA

PROPÓSITO DEL REFUERZO

Este Refuerzo Central consolida el marco de interpretación que los estudiantes deben llevar adelante al leer las Escrituras a través del lente de Las Tres Humanidades.

El Mes 3 entrena al estudiante en cómo discernir preservación, corrupción y preparación profética en el registro bíblico, sin colapsar las cronologías ni importar suposiciones posteriores a textos anteriores.
La meta es dominio de interpretación, no repetición de contenido.

Principios De interpretaciones Gobernantes (Mes 3)
La Preservación Precede a la Corrupción
Las Escrituras consistentemente establecen un estándar puro antes de documentar la desviación.
La Primera Humanidad (Y+A=PH) se presenta como:

- Portadora del Ruach
- Capacidad de pacto
- Instruida
- Preservada intencionalmente

Esta preservación existe antes de la emergencia de corrupción, probando que la corrupción no es intrínseca a la humanidad sino introducida.
Regla de interpretación:
Nunca lea corrupción en retroceso en las generaciones preservadas.

La Corrupción Es Identificable Porque la Pureza Fue Documentada
La emergencia de La Segunda Humanidad **(AW + HW = N & NM + PW = N)** es reconocible solo porque las Escrituras ya ha establecido:

- Integridad del linaje
- Continuidad del pacto
- Presencia del Ruach
- Transmisión de Enseñanza

Sin un fundamento preservado, el juicio carecería de veracidad.
Regla de interpretación:
El juicio requiere un estándar documentado de alineación.

El Ruach, No el Comportamiento, Es la Diferencia Primaria
El Mes 3 clarifica un principio crítico de Yada Yahuah:
El límite definitivo entre humanidades no es moralidad, inteligencia o poder, sino posesión del Ruach.

- La Primera Humanidad (Y+A=PH) → portadora del Ruach, redimible
- La Segunda Humanidad (AW + HW = N & NM + PW = N) → solo-carne, no redimible

Regla de interpretación:
La capacidad espiritual determina la elegibilidad del pacto.

La Genealogía Funciona como Arquitectura De redención
Las genealogías en las Escrituras son estructurales, no sentimentales.
Rastrean:

- Preservación de la humanidad portadora del Ruach
- Protección de continuidad de redención
- Contención de corrupción

El Mes 3 refuerza que la genealogía es cómo las Escrituras señalan la alineación, no la ascendencia.
Regla de interpretación:
Las Escrituras siguen alineación, no población.

La Preparación Profética Siempre Precede a la Crisis
Del Edén al Diluvio, Yahuah revela Su patrón:

- Instrucción antes de prueba
- Memoria antes de conflicto
- Advertencia antes de juicio
- Preservación antes de limpieza

El ascenso de La Segunda Humanidad (AW + HW = N & NM + PW = N) activa protocolos preexistentes — no sorprende al cielo.
Regla de interpretación:
La crisis revela la preparación ya en su lugar.

Salvaguardas las Interpretaciones Integradas
Los estudiantes ahora deben evitar activamente los siguientes errores:

- Tratar a la humanidad temprana como ingenua o no desarrollada
- Asumir corrupción universal antes de la rebelión de los Vigilantes
- Moralizar lo que las Escrituras definen esencialmente
- Leer realidades post-Diluvio en textos pre-Diluvio

El Mes 3 entrena en la restricción disciplinada en interpretación.

Declaración de Continuidad
Al cierre del Cuatrimestre III – Mes 3, el estudiante debe entender claramente:

- La Primera Humanidad (Y+A=PH) fue preservada intencionalmente, no temporalmente
- La Segunda Humanidad (AW + HW = N & NM + PW = N) representa una intrusión, no una continuación
- La redención permanece viable porque la preservación fue asegurada por adelantado
- El juicio opera contra un estándar preservado, no un ideal teórico

Este marco prepara al estudiante para abordar el Libro Tres sin confusión, reaccionismo ni deriva doctrinal.

CUATRIMESTRE III · MES 4
VISIÓN GENERAL DEL MÓDULO

Las Tres Humanidades™ — Libro 3: La Corrupción de la Segunda Humanidad (Humanidad Irredimible, Líneas Híbridas y las Ecuaciones de Existencia)
El Cuatrimestre III · Mes 4 avanza el marco de interpretación de Las Tres Humanidades™ examinando La Segunda Humanidad (AW + HW = N & NM + PW = N) en su estado plenamente corrompido e irredimible.

Este módulo entrena a los estudiantes a interpretar las Escrituras según la naturaleza creada, la herencia y la capacidad del pacto, en lugar de solo el comportamiento moral. Establece por qué ciertas formas de corrupción no pueden ser redimidas, por qué el juicio se intensifica después del Diluvio y por qué las Escrituras consistentemente siguen la línea pura adámica mientras excluye líneas híbridas de la continuidad del pacto.

El Mes 4 no colapsa la corrupción en pecado genérico, ni universaliza la redención. En cambio, aclara cómo la herencia gobierna el resultado, cómo opera la misericordia dentro del juicio, y cómo la historia post-Diluvio debe leerse sin proyectar condiciones pre-Diluvio en retroceso o hacia adelante incorrectamente.

Este módulo también prepara al estudiante para el Cuatrimestre IV al completar el marco analítico de corrupción, restricción e irredimibilidad—sin introducir aún la Tercera Humanidad o su ecuación.

Al final de este mes, el estudiante entenderá que:

- La Segunda Humanidad (AW + HW = N & NM + PW = N) se define por herencia corrompida, no meramente por comportamiento pecaminoso
- La corrupción opera al nivel de naturaleza creada y linaje

- No todos los seres califican para redención dentro del mismo marco
- La misericordia y el juicio funcionan juntos, no en oposición
- La corrupción híbrida sobrevive el Diluvio mediante restricción, no erradicación
- Los gigantes (Nefelinos) reaparecen después del Diluvio mediante corrupción preservada
- Las Escrituras siguen la línea pura adámica por diseño, no por eliminación
- Las Tres Ecuaciones de la humanidad gobiernan destino y resultado
- Este mes responde por qué el juicio se intensifica y por qué la restauración requiere separación.

RESULTADOS DEL APRENDIZAJE DEL MÓDULO — CUATRIMESTRE III · MES 4

Al final del Cuatrimestre III · Mes 4, el estudiante debe poder:

- Hacer la diferencia claramente entre La Primera Humanidad (Y+A=PH) y La Segunda Humanidad (AW + HW = N & NM + PW = N) usando categorías en las Escrituras
- Demostrar por qué La Segunda Humanidad (AW + HW = N & NM + PW = N) es irredimible basado en herencia y ausencia del Ruach
- Explicar cómo la misericordia y el juicio operan juntos en el Diluvio y en la historia post-Diluvio
- Rastrear la corrupción post-Diluvio sin colapsarla en hibridación pre-Diluvio
- Definir y aplicar correctamente las Tres Ecuaciones de la humanidad a destino y resultado
- Articular por qué las Escrituras rastrean la línea pura adámica en lugar de líneas híbridas

El dominio se demuestra mediante interpretación disciplinada, síntesis coherente, uso preciso de las Escrituras y la preservación de las categorías doctrinales establecidas.

COBERTURA DE CAPÍTULOS

Cuatrimestre III · Mes 4 — Las Tres Humanidades™ (Libro 3)

Semana 45: Capítulos 3–4

- Capítulo 3 — Por Qué La Segunda Humanidad (AW + HW = N & NM + PW = N) No Tiene Redención
- Capítulo 4 — La Misericordia de Yahuah en Medio de la Creciente Corrupción

Semana 46: Capítulos 5–6

- Capítulo 5 — El Plan Redención de Dos Partes de Yahuah
- Capítulo 6 — Después del Diluvio: Los Gigantes (Nefelinos) Se Levantan de Nuevo

Semana 47: Capítulos 7–8

- Capítulo 7 — Las Escrituras Siguen la Línea Pura, No la Híbrida
- Capítulo 8 — El Error de Qeynan (Kenan)

Semana 48: Capítulos 9–10

- Capítulo 9 — Los Nefelinos Después del Diluvio
- Capítulo 10 — Las Tres Ecuaciones de la humanidad

CUATRIMESTRE III· MES 3 — SEMANA 45

EL PROPÓSITO PROFÉTICO Y LA PREPARACIÓN OCULTA PARA EL CONFLICTO

Destino Antes de la Crisis

PROPÓSITO DE LA SEMANA 45

Esta semana entrena al estudiante a identificar la preparación profética antes de la crisis visible.
Las Escrituras no retratan la corrupción como un colapso repentino sino como una disrupción prevista anticipada con mucho tiempo de antelación. La existencia de linaje preservado, conocimiento profético y memoria del pacto demuestran que Yahuah prepara antes de confrontar.

La Semana 45 completa el estudio de La Primera Humanidad (Yahuah → Adam = La Primera Humanidad) y transiciona formalmente al estudiante hacia La Segunda Humanidad **(AW + HW = N & NM + PW = N)** al establecer el principio de interpretación gobernante:
La preservación siempre precede al juicio.

Lectura e Instrucción

Los estudiantes deben leer los siguientes textos antes del análisis.

- Bereshith (Génesis) 6:9

Noach es identificado como justo e intachable dentro de sus generaciones. Los estudiantes deben determinar por qué la justicia se califica por linaje en lugar de solo por comportamiento.

- Chănôk 10:1–14

El cielo responde a la corrupción con intervención estructurada, revelando que el juicio es precedido por investigación, decreto y contención.

- Amos 3:7

Yahuah revela Sus propósitos a Sus siervos antes de la acción. Los estudiantes deben tratar esto como una Regla de interpretación, no una declaración devocional.

Lectura del Libro de Texto del Estudiante
Las Tres Humanidades — Libro 3

- Capítulo 3: Por qué la Segunda Humanidad No Tiene Redención
- Capítulo 4: La Misericordia de Yahuah en Medio de la Creciente Corrupción

Estos capítulos establecen la naturaleza no redimible de La Segunda Humanidad (AW + HW = N & NM + PW = N) y aclaran por qué Noach se convierte en el vaso de continuidad en lugar de un reformador de la corrupción.

EXPLICACIÓN DIDÁCTICA

Los estudiantes deben aprender a hacer la diferencia entre juicio reactivo de preparación profética.

La emergencia de La Segunda Humanidad (AW + HW = N & NM + PW = N) no es tratada en las Escrituras como una desviación inesperada. La línea preservada de La Primera Humanidad (Yahuah → Adam = La Primera Humanidad), la advertencia anticipada dada a Chanok, el sellamiento del juicio en el cielo, y la preparación pre-nacimiento de Noach, todo demuestra previsión más que reacción.

En la interpretación, esto establece una regla crítica de Yada Yahuah:
Si el juicio parece repentino en el texto, la preparación ya ha ocurrido fuera de escena.

La designación de Noach como "perfecto en sus generaciones" debe por lo tanto interpretarse como integridad del linaje, no perfección moral. Las Escrituras mide la preservación genealógicamente porque la redención se transmite

mediante continuidad del pacto, no reforma cultural.
El juicio, en este marco, no es correctivo para corrupción que puede arrepentirse. Es eliminación protectora de lo que no puede ser redimido.

Enfoque de Alineación — Libro 3, Capítulos 3–4
Preparación Antes del Conflicto Manifiesto
De los Capítulos 3 y 4, los estudiantes deben extraer y articular los siguientes puntos de interpretaciones:

- No-Redimibilidad como Categoría

La Segunda Humanidad (AW + HW = N & NM + PW = N) se define por ausencia de Ruach, no por fracaso moral.

- Por Qué la Misericordia Apunta a la Preservación, No a la Reforma

La misericordia de Yahuah opera asegurando la línea redimible, no intentando rehabilitación de lo que carece de capacidad del pacto.

- El Linaje como el Campo de Batalla de la Redención

El conflicto es genealógico antes de ser ético.

- Noach como Evidencia de Preparación Anticipada

La emergencia de Noach demuestra que la preservación estaba en movimiento antes de que el juicio fuera anunciado.

- El Cielo Actúa Antes de que la Tierra Reaccione

La revelación precede la catástrofe; el juicio sigue a la documentación.

Términos Clave y Definiciones (Semana 45)

- Propósito Profético

Presciencia incrustada en la historia para guiar a la preservación y al juicio.

- Preparación

Acción divina intencional establecida antes de que la crisis se manifieste.

- Conflicto

La confrontación inevitable entre humanidad portadora del Ruach y la corrupción solo-carne.

TAREAS DE ESTUDIO

Los estudiantes deben completa lo siguiente:

- Explicar por qué La Segunda Humanidad (AW + HW = N & NM + PW = N) es excluida de la redención usando criterios del linaje y Ruach
- Demostrar cómo opera la preparación profética antes de la crisis visible
- Interpretar Bereshith 6:9 sin importar suposiciones post-bíblicas acerca de perfección moral

Todas las respuestas deben derivarse directamente de las Escrituras y de los capítulos asignados.

No se permiten marcos especulativos.

PENSAMIENTOS FINALES DE LA SEMANA 45

El juicio nunca interrumpe el plan de Yahuah.

Ejecuta lo que ya fue preparado.

REFLEXIÓN FINAL

"La preparación revela soberanía mucho antes de que el juicio revele poder."

CUATRIMESTRE III· MES 4 — SEMANA 46

HERENCIA E IRREDIMIBILIDAD

Por Qué la Segunda Humanidad (AW + HW = N & NM + PW = N) No Tiene Redención

PROPÓSITO DE LA SEMANA 46

Esta semana entrena al estudiante a interpretar la herencia como la categoría gobernante de la redención dentro del marco de Yada Yahuah.
Las Escrituras no presentan la corrupción como un problema de conducta corregible mediante instrucción, reforma o apelación moral. En cambio, revela la corrupción como una condición creacional transmitida por linaje.
Esta diferencia explica por qué la redención se extiende consistentemente a la humanidad adámica pero nunca a la raza híbrida.
Esta semana establece la Regla de interpretación:
Yahuah redime lo que Él creó y sopló a la existencia.
Lo que se origina fuera de Su diseño no es reparado—es removido.
Entender esta regla es esencial para leer correctamente el Diluvio, la historia post-Diluvio y la confrontación continua con la corrupción híbrida.

Lectura e Instrucción

- Bereshith (Génesis) 6:12

"Toda carne" se refiere a la totalidad de la carne dentro del linaje híbrido corrompido, demostrando que la corrupción operaba al nivel de herencia más que de fracaso moral individual.

- Chănôk 15:8–12

Los seres híbridos son revelados como espíritus nacidos sin el Ruach, incapaces de arrepentimiento o restauración.

- Yôchânân (Juan) 8:44

El linaje es identificado por naturaleza, no por comportamiento o elección.
Los estudiantes deben leer estos textos cuidadosamente y observar lo que las Escrituras atribuyen a la naturaleza más que a la conducta.

Lectura del Libro de Texto del Estudiante
Las Tres Humanidades — Libro 3

- Capítulo 5 — El Plan Redención de Dos Partes de Yahuah
- Capítulo 6 — Después del Diluvio: Los Gigantes (Nefelinos) Se Levantan de Nuevo

Los estudiantes no deben resumir estos capítulos. Deben extraer principios de interpretaciones que gobiernan la redención, el juicio y la preservación.

EXPLICACIÓN DIDÁCTICA

La redención en las Escrituras es restaurada, no rehabilitaría.
Yahuah restaura lo que pertenece a Su orden original de creación. La humanidad adámica—aunque capaz de pecado—retiene el Ruach de Alôhîym y por lo tanto permanece redimible. En contraste, la Segunda Humanidad (AW + HW = N & NM + PW = N) se origina fuera de ese orden, no habiendo recibido el Ruach, la capacidad del pacto ni la herencia espiritual requerida para el arrepentimiento.

El arrepentimiento no les es negado; es estructuralmente imposible para ellos. Los Capítulos 5 y 6 demuestran que el Diluvio debe interpretarse como cirugía de redención, no destrucción indiscriminada. La preservación precede al juicio. El linaje puro se asegura primero; luego se remueve la corrupción. Esta secuencia es consistente a través de las Escrituras.

La reaparición post-Diluvio de Gigantes (Nefelinos) confirma que la hibridación no es un episodio histórico cerrado sino una amenaza creacional continua que requiere restricción repetida para proteger la línea mesiánica.
El error de interpretación que esta semana corrige es la suposición de que todos los seres descritos en las Escrituras son igualmente redimibles. Las Escrituras nunca apoyan esa afirmación.

Enfoque de Alineación — Capítulos 5 y 6
(La Herencia Determina la Redención)

De los Capítulos 5 y 6, los estudiantes deben extraer y articular los siguientes puntos doctrinales:

- La Preservación Precede al Juicio

Yahuah asegura la línea del pacto antes de confrontar la corrupción.

- El Origen Creacional Determina la Redimibilidad

La Segunda Humanidad (AW + HW = N & NM + PW = N) carece del Ruach y de la estructura del pacto requerida para la redención.

- El Diluvio como Cirugía De redención

Lo que no puede ser sanado debe ser removido para preservar lo que sí puede ser redimido.

- La Herencia Transmite Capacidad

La capacidad espiritual es heredada, no aprendida ni reformada para existir.

- La Supervivencia Post-Diluvio Confirma Amenaza Continua

La reaparición de Gigantes (Nefelinos) demuestra que la corrupción debe ser continuamente restringida para proteger la redención.

Términos Clave y Definiciones (Semana 46)

- Herencia

La transmisión de naturaleza y capacidad espiritual a través del linaje.

- Irredimible

Más allá de la restauración debido a corrupción creacional.

- Hibridación

Mezcla ilícita que produce seres híbridos fuera del diseño de Yahuah.

TAREAS DE ESTUDIO

Pausa tu lectura y completa lo siguiente:

• Explicar por qué la herencia, no el comportamiento, determina la redimibilidad

• Identificar por qué el Diluvio fue necesario para que la salvación continuara

• Demostrar cómo las Escrituras hace diferencia entre la humanidad caída y la corrupción irredimible

Usa las Escrituras y los capítulos asignados directamente.

Evita suposiciones emocionales, filosóficas o éticas modernas.

PENSAMIENTOS FINALES DE LA SEMANA 46

La redención restaura lo que Yahuah creó.

No rediseña lo que la rebelión produjo.

La Segunda Humanidad (AW + HW = N + NM + PW = N) no fue rechazada—nunca fue elegible.

REFLEXIÓN FINAL

"Lo que nunca fue puro no puede ser restaurado."

CUATRIMESTRE III · MES 4 — SEMANA 47

MISERICORDIA, EL DILUVIO Y LA CORRUPCIÓN POST-DILUVIO

Juicio con Restricción

PROPÓSITO DE LA SEMANA 47

Esta semana entrena al estudiante a interpretar el método de las Escrituras, no meramente su contenido, identificando cómo opera la misericordia dentro del juicio y por qué la corrupción puede reaparecer después de una limpieza global.
El Diluvio no borró la memoria, la curiosidad ni la capacidad de actuar espiritual. En cambio, restringió la dominación, preservó la continuidad del pacto y limitó la corrupción sin abolir la responsabilidad humana.
Al abordar los Capítulos 7–8, los estudiantes aprenden a leer las Escrituras según la propia lógica narrativa de Yahuah:
lo que se preserva, lo que se omite y por qué ciertas figuras se destacan mientras otras desaparecen del registro.

Lectura e Instrucción

- Bereshith (Génesis) 6:8–9

El favor y la justicia son identificados dentro del juicio, no fuera de él.

- Bereshith (Génesis) 9:20–27

Surge desorden post-Diluvio, demostrando que la limpieza no elimina la capacidad de actuar.

- 2 Kêph (2 Kêph) 2:4–5

El juicio restringe la rebelión, pero no aniquila la responsabilidad futura.
Lectura del Libro de Texto del Estudiante

Las Tres Humanidades — Libro 3

- Capítulo 7: Las Escrituras Siguen la Línea Pura, No la Híbrida
- Capítulo 8: El Error de Qeynan (Kenan): El Hombre Que Reabrió la Puerta de la Corrupción

Los estudiantes deben leer ambos capítulos completamente antes del análisis.

- Explicación Didáctica

La Escritura Es Selectiva por Diseño

El Capítulo 7 establece un principio de interpretación gobernante:
Las Escrituras no son un censo de existencia; son un registro de redención.
Esto significa:

- La eliminación no equivale a inexistencia
- La inclusión señala relevancia del pacto
- El linaje se rastrea por alineación, no por tamaño de población o dominancia

Por lo tanto, los estudiantes deben aprender a leer las genealogías, los silencios y el enfoque narrativo como actos intencionales de revelación, no como vacíos históricos.

La Misericordia Preserva la Continuidad, No la Inocencia

El Diluvio funciona como restricción, no como aniquilación.
De Bereshith 6–9, el juicio:

- Quita la dominación violenta
- Preserva la capacidad del pacto
- Reinicia el orden sin borrar memoria ni deseo

La misericordia opera dentro del juicio salvaguardando la línea mediante la cual la restauración permanece posible, mientras permite que la capacidad de actuar moral persista.

La Corrupción Post-Diluvio Regresa Mediante Conocimiento, No Fuerza Inmediata

El Capítulo 8 introduce una corrección de interpretación crítica:

la corrupción post-Diluvio no se reafirma primero mediante dominación física o expansión híbrida abierta, sino mediante la preservación y transmisión de conocimiento prohibido.

El error de Qeynan demuestra que:

- Lo que sobrevive en memoria puede reactivar corrupción

- La instrucción prohibida puede amenazar la continuidad del pacto tan seriamente como los linajes de sangre corrompidos
- La curiosidad desligada de obediencia se convierte en un punto de acceso para rebelión
- La corrupción a menudo reemerge encubiertamente antes de manifestarse abiertamente

Esto replantea la historia post-Diluvio no como ausencia de corrupción, sino como un período en el que la corrupción es restringida en expresión mientras permanece accesible mediante el conocimiento.

Por Qué las Escrituras Continúan Siguiendo Una Línea

Porque la corrupción resurge mediante la enseñanza, las Escrituras responden:

- Reduciendo el enfoque narrativo
- Rastreando la obediencia más que influencia
- Avanzando al propósito del pacto en lugar de registrar actividad global

Esta es la razón por la cual figuras como Qeynan aparecen brevemente como advertencias, mientras otras (Shem → Eber → Abram) se expanden como portadores de continuidad.

Enfoque de Alineación — Capítulos 7 y 8

De estos capítulos, los estudiantes deben extraer y aplicar:

- Revelación Selectiva como Herramienta Del pacto
- Misericordia como Preservación, No Permisividad
- Juicio como Restricción, No Obliteración
- Conocimiento Prohibido como Amenaza Post-Juicio
- Rastreo de Linaje como Estrategia De redención

Términos Clave y Definiciones (Semana 47)

- Misericordia

La salvaguarda intencional de Yahuah de Su orden creado y propósito del pacto antes, durante y más allá del juicio.

- Restricción

Limitación de la corrupción sin eliminación de la capacidad de actuar.

- Revelación Selectiva

El enfoque intencional de Yahuah en lo que avanza la redención.

- Resurgimiento

Retorno de corrupción mediante memoria y conocimiento más que por fuerza.

TAREAS DE ESTUDIO

Pausa y completa lo siguiente:

- ***Explicar por qué las Escrituras omiten vastas poblaciones mientras preservas estrechas genealogías***
- ***Demostrar cómo la misericordia funciona dentr o del juicio en lugar de oponerse a él***
- ***Identificar cómo la corrupción post-Diluvio se reingresa mediante la transmisión del conocimiento***
- ***Mostrar por qué las Escrituras continúan siguiendo la alineación del pacto en lugar de las estructuras de poder***

Usa las Escrituras y los capítulos asignados directamente.

Evita historia especulativa o filosofía abstracta.

PENSAMIENTOS FINALES DE LA SEMANA 47

El juicio limita destrucción.

La misericordia asegura el futuro.

Las Escrituras permanecen alineada, no siguen derivaciones

REFLEXIÓN FINAL

"El juicio restringe el mal; no borra la elección."

CUATRIMESTRE III· MES 4 — SEMANA 48

LÍNEA PURA, GIGANTES (NEFELINOS) Y LAS TRES ECUACIONES

Destino Determinado por Naturaleza

PROPÓSITO DE LA SEMANA 48

Esta semana final entrena a los estudiantes a interpretar por qué las Escrituras rastrean la continuidad del pacto mediante el linaje seleccionado y por qué las líneas híbridas son reconocidas, pero nunca centradas. La interpretación es gobernada por el marco de ecuaciones, no por suposiciones acerca de equidad, tamaño de población o consumación narrativa.

Los estudiantes aplicarán el modelo gobernante:

- La Primera Humanidad (Y+A=PH)
- La Segunda Humanidad (AW + HW = N & NM + PW = N)

Lectura e Instrucción

- Bereshith (Génesis) 10:8–9

Lea para identificar cómo la rebelión post-Diluvio se centraliza e institucionaliza. Los estudiantes deben interpretar a Nimrod como una señal de trayectoria, no meramente un personaje.

- Bemīḏbar (Números) 13:33

Lea para confirmar que la continuación híbrida permanece una realidad reconocida por las Escrituras después del Diluvio. La interpretación debe permanecer arraigada a la herencia, no al espectáculo.

- Mattithyâhû (Mateo) 13:24–30

Lea para interpretar la coexistencia sin confusión: la línea del pacto y la línea corrupta pueden ocupar el mismo mundo mientras permanecen distintas hasta la separación.

Lectura Requerida del Libro de Texto — Las Tres Humanidades, Libro Tres

- Capítulo 9 — Los Nefelinos Después del Diluvio
- Capítulo 10 — Las Tres Ecuaciones de la humanidad

Los estudiantes deben leer ambos capítulos antes del análisis.

Explicación Didáctica

La Escritura es Selectiva-Del pacto

Las Escrituras no intentan preservar un registro completo de todas las poblaciones. Preservan la línea que porta continuidad del pacto y la capacidad para Yada Yahuah.

Por lo tanto, los estudiantes deben interpretar las genealogías selectivas como rastreo de alineación, no como eliminación.

Esta Regla de interpretación es gobernada por:

- La Primera Humanidad (Y+A=PH)

Los Gigantes (Nefelinos) Son "Evidencia de Colisión," No Sujetos del pacto

Cuando los Gigantes (Nefelinos) aparecen en el texto, el propósito no es cambiar el enfoque hacia ellos, sino documentar colisión contra la corriente del pacto.

Los Gigantes (Nefelinos) son referenciados como un patrón de amenaza que emerge de:

- La Segunda Humanidad (AW + HW = N & NM + PW = N)

Los estudiantes no deben tratar a los "Gigantes (Nefelinos)" como una historia del pacto alternativa. Son incluidos solo cuando interceptan con la continuidad del pacto.

La Herencia Gobierna el Resultado

La interpretación debe tratar la corrupción como una condición de herencia, no como una categoría de conducta.

Esta semana requiere que los estudiantes usen el modelo de ecuaciones como el filtro de interpretación:

LA PRIMERA HUMANIDAD

Ecuación de la humanidad (Y+A=PH)

Yahuah + Adam = La Primera Humanidad

(origen espíritu-primero, puro, incorruptible)

LA SEGUNDA HUMANIDAD

Ecuaciones de la humanidad (AW + HW = N & NM + PW = N)

1.Ángeles Vigilantes + Mujeres Humanas = Nefelinos

2.Hombres Nefelinos + Mujeres Puras = Más Nefelinos

Los estudiantes deben tratar estas ecuaciones como categorías gobernantes para:

- elegibilidad del pacto
- capacidad de redención
- énfasis narrativo
- límites de juicio

Enfoque de Alineación — Capítulos 9 y 10

(Linaje, Corrupción y Resultado)

- De los Capítulos 9 y 10, los estudiantes deben extraer los siguientes puntos y expresarlos como controles de interpretaciones:
- Las Escrituras rastrean la continuidad del pacto mediante La Primera Humanidad (Y+A=PH), no mediante dominancia numérica.
- La supervivencia híbrida post-Diluvio se interpreta mediante La Segunda Humanidad (AW + HW = N & NM + PW = N), no mediante exageración mítica.
- Babel funciona como resurgimiento organizado: interprete Babel como rebelión estructural más que "construcción de ciudad."
- Los Gigantes (Nefelinos) reaparecen como prueba de continuidad, requiriendo análisis disciplinado del linaje más que generalización moral.
- Las Tres Ecuaciones operan como ley interpretación, no simbolismo opcional.

TÉRMINOS CLAVE Y DEFINICIONES (SEMANA 48)

- Registro Selectivo-Del pacto

Las Escrituras registran lo que preserva continuidad del pacto mediante La Primera Humanidad (Y+A=PH).

- Continuación Híbrida

Persistencia post-Diluvio explicada mediante La Segunda Humanidad (AW + HW = N & NM + PW = N).

- Interpretación Basada en las Ecuaciones

Un método de interpretación disciplinado donde el linaje, la capacidad y el énfasis narrativo se interpretan mediante las ecuaciones gobernantes más que mediante las suposiciones.

TAREAS DE ESTUDIO

Pausa tu lectura y completa lo siguiente:

1.Usando Bereshith 10:8–9, identifica lo que Nimrod representa en la trayectoria post-Diluvio y explica por qué las Escrituras lo registran (relevancia interpretación).

2.Usando Bemīḏbar 13:33, demuestra por qué la aparición de Gigantes (Nefelinos) debe interpretarse mediante:

• La Segunda Humanidad (AW + HW = N & NM + PW = N)

3. Usando Mattithyâhû 13:24–30, explica cómo puede ocurrir coexistencia sin fusión del pacto. Tu respuesta debe mostrar cómo la continuidad del pacto permanece rastreable mediante:

• La Primera Humanidad (Y+A=PH)

Restricción: No argumentes desde emoción, categorías de equidad o suposiciones modernas de población. La interpretación debe permanecer dentro del marco de ecuaciones.

PENSAMIENTOS FINALES DE LA SEMANA 48

Esta semana cierra el Cuatrimestre III requiriendo que los estudiantes interpreten las Escrituras mediante la continuidad del pacto y la ley de herencia más que mediante eventos a nivel superficial.

La interpretación permanece gobernada por:

La Primera Humanidad (Y+A=PH)

La Segunda Humanidad (AW + HW = N & NM + PW = N)

REFUERZO CENTRAL
CUATRIMESTRE III • MES 4

Herencia, Irredimibilidad y Restricción Del pacto

PROPÓSITO DEL REFUERZO

Este Refuerzo Central consolida el marco de interpretación que los estudiantes deben llevar adelante al relacionarse con las Escrituras post-Diluvio a través del lente de Las Tres Humanidades.
El Mes 4 capacita al estudiante para distinguir entre el destino basado en la herencia y la evaluación basada en el comportamiento, y a leer juicio, misericordia y restricción sin colapsar las categorías ni introducir suposiciones no autorizadas.
La meta es el dominio de interpretación, no repetición de contenido.

Principios De interpretaciones Gobernantes (Mes 4)
La Herencia Determina la Redimibilidad
Las Escrituras presentan la redención como restauración a un estado creado original, no rehabilitación de todo ser existente.

- La Primera Humanidad (Y+A=PH)

→ Portadora del Ruach
→ Capacidad de pacto
→ Redimible a pesar de la caída

- La Segunda Humanidad (AW + HW = N & NM + PW = N)

→ Solo-carne
→ Sin Ruach
→ Fuera del pacto
→ No redimible
El Mes 4 establece que lo que no es autoría de Yahuah no puede ser restaurado por la redención.
Nunca trate la redimibilidad como una categoría moral; es una creacional.

El Juicio Funciona como Preservación, No Aniquilación

Las Escrituras revelan que el juicio consistentemente opera con restricción.

- El Diluvio quitó la corrupción irredimible
- El Diluvio preservó la continuidad del pacto
- Babel restringió la rebelión unificada sin aniquilar a la humanidad

El juicio limita la corrupción sin eliminar la capacidad de actuar, memoria o prueba futura.

El juicio restringe lo que amenaza la redención; no reinicia la historia a inocencia.

Las Escrituras Rastrean la Capacidad Del pacto, No Exhaustividad Histórica

El Mes 4 refuerza que el registro bíblico es del pacto, no enciclopédico.

Las Escrituras siguen:

- Linaje portador del Ruach
- Portadores del pacto
- Continuidad de redención

No siguen:

- Dominio híbrido
- Poblaciones corrompidas
- Líneas de sangre irredimibles

La ausencia de detalle es intencional, no accidental.

Lo que las Escrituras no rastrean no se niega — se descalifica.

La Misericordia Opera Dentro del Juicio

La misericordia no es la suspensión de justicia; es la preservación de posibilidad.

- Noach es preservado mientras el mundo colapsa
- Las lenguas son confundidas para prevenir corrupción total
- La dominación híbrida es restringida repetidamente

La misericordia asegura que la redención permanezca viable aun cuando la corrupción resurge.

La misericordia salvaguarda el futuro mientras el juicio aborda el presente.

La Corrupción Puede Reemerger sin Repetir la Causa Original

El Mes 4 corrige un error de interpretación común:
El retorno de la corrupción después del Diluvio no requiere un segundo descenso de Vigilantes.

Surge mediante:

- Línea híbrida sobreviviente
- Conocimiento prohibido
- Transmisión humana
- Abandono del pacto

Esta diferencia previene malinterpretar la historia post-Diluvio como una repetición en lugar de un progreso.
Resurgimiento no equivale a repetición.

Criterios para una Interpretación Integrada

Los estudiantes ahora deben evitar activamente los siguientes errores:

- Tratar la redención como universalmente disponible
- Asumir que el juicio elimina la rebelión futura
- Moralizar los seres que las Escrituras definen esencialmente
- Rastrear poder, tamaño o influencia en lugar de capacidad del pacto
- Introducir ecuaciones no autorizadas o humanidades prematuras

El Mes 4 refuerza la restricción de interpretación bajo complejidad.

Declaración de Continuidad

Al cierre del Cuatrimestre III · Mes 4, el estudiante debe entender claramente:

- La Primera Humanidad (Y+A=PH) permanece la única categoría humana plenamente redimible
- La Segunda Humanidad (AW + HW = N & NM + PW = N) permanece permanentemente fuera de la redención
- El juicio funciona para proteger la salvación, no para expresar reacción
- Las Escrituras siguen la línea que puede ser restaurada, no toda la línea que existe

Este marco prepara al estudiante para avanzar sin deriva narrativa, improvisación de Yada Yahuah o mal uso de las ecuaciones a medida que progresa la carrera.

CUATRIMESTRE III· MES 4 — ENSAYO DE NIVEL MAESTRO

Evaluación Culminante · Irredimibilidad, Herencia y las Ecuaciones de la humanidad
Cantidad de Palabras: 1,800–2,200 palabras

Estado: REQUERIDO
Asignación del Ensayo — Mes 4
Usando las Tres Ecuaciones de la humanidad, explique por qué las Escrituras presentan la redención como dependiente de herencia más que universalmente aplicable, y demuestre cómo el juicio, la misericordia y la restricción funcionan juntos para preservar la continuidad del pacto.

Tu ensayo debe:

- Definir y aplicar claramente:
    - La Primera Humanidad (Y+A=PH)
    - La Segunda Humanidad (AW + HW = N & NM + PW = N)
- Demostrar por qué la capacidad portadora del Ruach, no el comportamiento moral, determina la redimibilidad
- Explicar por qué La Segunda Humanidad es irredimible por naturaleza, no por rechazo o severidad de pecado
- Analizar el Diluvio como cirugía de redención, no castigo indiscriminado
- Rastrear cómo la corrupción post-Diluvio reemerge mediante herencia y conocimiento más que un segundo descenso de Vigilantes

Defender por qué las Escrituras:

- siguen la línea pura adámica
- reconocen pero nunca se centran en las líneas híbridas

Aplicar el marco de las ecuaciones como ley de interpretación, no lenguaje simbólico

Limitantes:

- Usar solo las Escrituras y Las Tres Humanidades (Libro 3)

No argumentar desde:

  - equidad emocional
  - suposiciones universalistas
  - antropología filosófica

Mantener la interpretación basada en las ecuaciones en todo momento
Criterios de Evaluación:

- Precisión al definir las categorías de la humanidad
- Aplicación correcta de la lógica de herencia
- Distinción clara entre misericordia, juicio y restricción
- Manejo fiel de la continuidad post-Diluvio
- Dominio demostrado a nivel de maestría de irredimibilidad sin moralizar

CONCLUSIÓN — LIBRO 3 → LIBRO 4
TRANSICIÓN AL LIBRO MBRS 4 – ESTUDIOS AVANZADOS A NIVEL DE MAESTRÍA

El MBRS Libro 3 ha establecido la arquitectura interpretativa indispensable de Las Tres Humanidades™.

La creación ha sido asegurada como completa, ordenada y santificada.
La Primera Humanidad ha sido trazada como portadora del Ruach, capaz del pacto y preservada.

La emergencia de la corrupción ha sido identificada no solo como falla moral, sino como intrusión en el orden creado.
El linaje ha sido revelado como arquitectura del pacto.
La preservación ha sido mostrada como anterior al juicio.
La preparación ha sido demostrada antes de la crisis.

En esta etapa, el estudiante posee los controles estructurales necesarios para leer las Escrituras sin colapsar categorías, importar suposiciones ni ubicar la corrupción en la época equivocada.
Las ecuaciones que gobiernan la humanidad han sido introducidas.
La distinción entre herencia redimible y herencia irredimible ha sido establecida.

El campo narrativo está ahora completamente preparado.
Pero el dominio de los fundamentos no es la tarea final.
La siguiente etapa avanza hacia el análisis avanzado a Nivel de Maestría, donde las implicaciones plenas de la corrupción irredimible, la herencia híbrida, el juicio, la misericordia, la restricción y la continuidad del pacto son examinadas en su forma madura.

El Libro MBRS 4 lleva así al estudiante más allá de la estructura fundamental hacia la aplicación avanzada — donde las ecuaciones de la humanidad, las operaciones del juicio y la salvaguarda de la redención son exploradas en profundidad completa.

El estudiante ahora pasa del dominio de los fundamentos al discernimiento avanzado del pacto.

GLOSARIO

Apokryfos: Una designación que significa "escondidos," usada para escritos antiguos que fueron preservados, pero luego excluidos o marginados por sistemas religiosos. En este Instituto, los escritos Apokryfos se evalúan por contenido, consistencia con Dabar y temas del pacto, no por tradición posterior y estos escritos no reemplazan la Tôrâh sino que testifican de su cumplimiento. Escritos preservados bajo custodia del pacto que fueron resguardados intencionalmente en lugar de circularse ampliamente. El término "escondido" se refiere al método y al tiempo de preservación, no a una falta de valor espiritual o autoridad dentro de la instrucción del pacto.

Autor de las Tablas Celestiales: Yahuah mismo. La autoridad y permanencia de las Tablas Celestiales descansan únicamente en Su autoría, no en la transmisión humana.

Libro de Enoc: Una colección de escritos antiguos atribuidos a Chanok (Enoc), que abordan revelación celestial, juicio, rebelión e instrucción divina. En este módulo, Enoc se usa para examinar instrucción pre-Sinaí, registro celestial y el conflicto entre verdad y corrupción.

Libro de Jubileos: Una obra hebrea antigua estrechamente alineada con Genesis y Exodus, que enfatiza el orden del pacto, mandamientos, tiempos señalados y registro celestial. En este módulo, Jubileos se usa para apoyar los conceptos de testimonio celestial, continuidad de Tôrâh y preservación más allá de instituciones humanas.

Canon (Reenmarcado como Tôrâh): El término canon es un constructo griego usado históricamente por sistemas humanos para definir, limitar, alterar o excluir escritos inspirados mediante autoridad institucional. En Yada Yahuah, el canon no es determinado por concilios, tradiciones o clasificación, sino por autoría divina y preservación del pacto. Por lo tanto, el verdadero y único canon es Tôrâh—la instrucción autoritativa que se origina con Yahuah mismo. Tôrâh define el límite de la instrucción inspirada porque su fuente es divina, no porque haya sido ratificada o medida por la humanidad. Cualquier uso del término canon debe entenderse como subordinado a, y corregido por, Tôrâh como el estándar original y gobernante de la Escritura.

Ocultamiento: La retención deliberada de revelación por Yahuah hasta un tiempo del pacto designado, asegurando que la instrucción preservada sea revelada según el propósito divino y no según la disposición o demanda humana.

Continuidad de Significado: La preservación fiel de la doctrina del pacto mediante el lenguaje, en la cual los términos clave retienen su significado intencionado a través de generaciones, escritos y administraciones sin contradicción.

Sacerdocio Corrupto: Una autoridad sacerdotal que ha sido comprometida y finalmente removida debido a desobediencia, interés propio, violación de límites o usurpación del oficio del pacto. Un sacerdocio corrupto puede retener título exterior, linaje, función ritual o reconocimiento institucional, mientras carece de autorización del pacto de Yahuah. Esto incluye usurpadores históricos como el sacerdocio hasmoneo, figuras identificadas en la Escritura como el Sacerdote Malvado, y cualquier sistema religioso posterior—antiguo o moderno—que asuma autoridad sacerdotal aparte de nombramiento divino. Tales sistemas a menudo operan dentro de estructuras más amplias de Babel, preservando forma mientras cortan lealtad a la Tôrâh de Yahuah, engañando así al pueblo mediante un gobierno ilegítimo de la adoración y la instrucción.

Registro Selectivo del Pacto: La Escritura registra historia no para explicar a la humanidad, sino para preservar el propósito del pacto de Yahuah mediante la línea inalterada de La Primera Humanidad Y+A=FH), documentando únicamente lo que sirve, amenaza o restaura ese propósito.

Corrupción Acumulativa: Rebelión originada en la transgresión angelical de los Vigilantes, preservada y transmitida mediante enseñanza ilícita, conocimiento prohibido y linaje corrompido, y madurada progresivamente a través de generaciones de la humanidad. Describe el arco largo por el cual la instrucción de los Vigilantes, una vez introducida en Genesis mediante violación de límites y unión ilícita, continúa dando forma a sistemas, adoración, gobierno y creencia hasta que la corrupción se vuelve global, pública y arraigada. La corrupción acumulativa no es episódica ni accidental; es instruccional, heredada e institucionalizada. A través de las edades, el conocimiento corrompido es reempaquetado, normalizado e incrustado en sistemas religiosos, políticos y culturales—formando estructuras perdurables de Babel que sostienen rebelión incluso después de eventos de juicio. Al final de la era, la corrupción ya no es conducta aislada sino un orden autosostenido, preservado mediante sistemas en lugar de cuerpos, y que requiere juicio divino final.

Oscuridad: Salida de la alineación divina mientras se permanece humano, sostenida e intensificada mediante la influencia de espíritus malignos originados de corrupción híbrida pre-Diluvio. La oscuridad no es la pérdida de la humanidad, sino la condición en la que la percepción humana, el deseo y la adoración son moldeados por influencia espiritual engañosa en lugar de por la instrucción de Yahuah. La oscuridad opera mediante distorsión, ocultamiento y sustitución—preservando humanidad exterior mientras redirige lealtad, entendimiento y práctica lejos de la Tôrâh de Yahuah. Representa la continuación continua, no encarnada, de la rebelión de los Vigilantes dentro de sistemas humanos, estructuras de creencia y conciencia.

Engaño: El mecanismo mediante el cual la desobediencia es introducida por la mezcla deliberada de verdad con falsedad. El engaño no opera mediante negación abierta de la verdad, sino mediante verdad parcial, reenmarcado y omisión selectiva, creando confusión que oscurece la consecuencia y redefine la obediencia. Al mezclar lo verdadero con lo falso, el engaño desestabiliza el discernimiento, redirige la confianza y conduce gradualmente al sujeto hacia la transgresión mientras mantiene la apariencia de legitimidad. El acto final de desobediencia, por lo tanto, no es repentino, sino la culminación de distorsión progresiva.

Juicio Decretivo: Juicio establecido contra un resultado corrupto perdurable

Diluvio: Acto judicial de limpieza y contención, no disciplina correctiva.

Espíritus Demoníacos: Espíritus desencarnados originados de la descendencia de uniones ilícitas entre ángeles Vigilantes y mujeres humanas. Cuando los seres híbridos (Nefelinos) fueron destruidos en el Diluvio, su forma encarnada pereció, pero sus espíritus permanecieron ligados a la tierra. Estos espíritus ahora operan sin carne, ejerciendo influencia en lugar de encarnación, y funcionan como agentes continuos de engaño, corrupción y rebelión. Los espíritus demoníacos perpetúan el legado de los Vigilantes al influir creencia, adoración y conducta, buscando expresión mediante sistemas, posesión, intimidación y distorsión de la verdad. No poseen herencia del pacto, reposo ni autoridad, pero persisten como corrupción residual hasta el juicio final.

Corrupción Desencarnada: Rebelión que opera sin forma encarnada mediante espíritus malignos, influencia demoníaca y los sistemas que animan, en lugar de mediante seres de carne. La corrupción desencarnada se origina en los espíritus de la descendencia híbrida producida por uniones ilícitas Vigilante–humano, cuyos cuerpos fueron destruidos pero cuya influencia persistió después del juicio. Estos espíritus propagan rebelión al habitar, facultar y sostener sistemas religiosos, políticos, económicos e ideológicos, permitiendo que la corrupción continúe a través de generaciones sin dependencia de biología alterada. La corrupción desencarnada funciona mediante engaño, memoria institucional, doctrina y estructuras de autoridad, haciendo la rebelión duradera, transferible y resistente a reforma hasta el juicio final.

Desobediencia: Violación de la instrucción divina sin alteración de la naturaleza creada

Espíritus Malignos (Demonios): Espíritus sin cuerpo de los Nefelinos, confinados a la tierra sin herencia ni reposo.

Farmakía (φαρμακεία): Engaño diseñado originado en hechicería y pociones antiguas, continuado ahora mediante sustancias químicas, drogas y sistemas farmacéuticos que alteran percepción, dependencia y conciencia. Farmakía se refiere al uso de sustancias y sistemas para manipular creencia, conducta, adoración y sumisión mediante el condicionamiento químico y psicológico de poblaciones. En su forma antigua, farmakía involucraba brujería, pociones y encantamientos usados para controlar, seducir o engañar. En su expresión moderna, farmakía está institucionalizada mediante sistemas médicos, farmacéuticos y regulatorios que funcionan como una nueva forma de brujería—reemplazando pociones rituales con compuestos químicos, y hechiceros personales con instituciones autorizadas. Aunque se presenta como sanidad o progreso, farmakía opera como control espiritual cuando sustituye la confianza en Yahuah, altera el discernimiento o impone dependencia mediante engaño y coerción. Farmakía, por lo tanto, no está limitada a ritual ocultista; es la práctica sistémica de manipulación espiritual mediante sustancias y estructuras que embotan el discernimiento, normalizan la sumisión y avanzan rebelión bajo la apariencia de legitimidad.

Diluvio: Acto global de juicio divino diseñado para limpiar la creación de corrupción irreversible eliminando la presencia híbrida Nefelinos dominante, mientras preserva el linaje de sangre del pacto. El Diluvio fue ejecutado para proteger la semilla del pacto—el linaje humano no corrompido mediante el cual el propósito y la restauración de Yahuah continuarían—y no para aniquilar a la humanidad indiscriminadamente. Esta limpieza apuntó a carne corrompida, linaje alterado y dominación híbrida que habían llenado el mundo, asegurando que la creación pudiera reiniciarse a un estado donde la continuidad del pacto siguiera siendo posible. El Diluvio funcionó, por lo tanto, como contención y preservación, no meramente castigo, removiendo corrupción encarnada mientras salvaguardaba el futuro de la restauración.

Plenitud (de corrupción): La etapa terminal de la corrupción en la que humanidad hibridada, naturaleza alterada y rebelión han alcanzado concentración completa, normalización y autosostenimiento, sin capacidad restante para arrepentimiento, restauración o continuidad del pacto. La plenitud marca el punto en el que la corrupción ha logrado todo lo que puede lograr y nada más puede añadirse, corregirse o revertirse. En este estado—visto históricamente en humanidad dominada por híbridos—la corrupción ya no es episódica ni disputada; es total, heredada, institucionalizada y biológicamente arraigada. Debido a que no hay camino de regreso, la intervención de Yahuah mediante juicio se vuelve necesaria, no punitiva, para preservar lo que queda de la creación y prevenir propagación irreversible. La plenitud, por lo tanto, dispara juicio no porque el mal esté aumentando, sino porque el mal ha completado su curso.

Confrontación Genealógica: El momento en el que la semilla adámica pura se encuentra con la semilla Nefelinos corrompida, forzando la cuestión del origen más que del comportamiento. La confrontación genealógica ocurre cuando el linaje, no la conducta, se convierte en el factor determinante de la viabilidad del pacto—resultando en la aparición de una tercera humanidad mixta producida por la unión de linaje humano no corrompido con herencia Nefelinos corrompida. Esta confrontación expone que la corrupción no se resuelve mediante corrección moral u obediencia solamente, porque el conflicto reside en la naturaleza y el origen, no en las acciones. La confrontación genealógica marca, por lo tanto, un cambio decisivo en la historia del pacto, donde preservación, juicio o separación deben ocurrir para abordar incompatibilidad al nivel de la semilla.

Genealogía: Un registro estructural que traza linaje, origen y transmisión de naturaleza a través de generaciones. La genealogía demuestra continuidad del propósito del pacto cuando la semilla permanece no corrompida, pero también expone la transferencia de genes híbridos o mixtos cuando se introduce linaje corrompido. En la Escritura, la genealogía funciona como herramienta diagnóstica, revelando si vida, autoridad y herencia proceden de origen adámico puro, linaje Nefelinos corrompido o humanidad mixta. La genealogía registra, por lo tanto, no solo propósito e identidad, sino la condición biológica y espiritual que determina capacidad, compatibilidad y continuidad del pacto.

Gigantes (Nefelinos): Descendientes encarnados de linajes Nefelinos originados de uniones ilícitas entre ángeles Vigilantes y mujeres humanas. Los gigantes representan la expresión más visible y extrema de la hibridación Nefelinos debido a su tamaño, fuerza y dominación, pero no son la única forma de descendencia corrompida. El término gigantes suele enfatizarse por su prominencia y amenaza, sin embargo la corrupción Nefelinos produjo múltiples tipos de descendientes híbridos, no todos los cuales manifestaron estatura extraordinaria. Muchos descendientes corrompidos parecían externamente humanos mientras aún portaban naturaleza alterada, herencia híbrida e incompatibilidad del pacto. La Escritura destaca gigantes porque son inconfundibles, pero el asunto más amplio es semilla corrompida, no tamaño. Los gigantes funcionan, por lo tanto, como evidencia, no como definición, de presencia Nefelinos. Exponen la realidad de corrupción híbrida que se extendió mucho más allá de lo inmediatamente visible.

Media Verdad: Mezcla deliberada en la que la verdad se combina incluso con una pequeña medida de falsedad, volviéndola ya no verdad en absoluto, sino engaño. Una media verdad retiene suficiente exactitud para parecer creíble mientras introduce distorsión que oscurece consecuencia, altera significado y redirige confianza. Debido a que la verdad es 100% pura, cualquier cosa menor que verdad completa funciona como mentira. El Nachash empleó media verdad al afirmar elementos de la palabra de Yahuah mientras reenmarcaba intención y consecuencia, insertando duda sin negación abierta. La media verdad es, por lo tanto, la herramienta más efectiva del engaño, pues oculta rebelión bajo familiaridad y plausibilidad.

Continuación Híbrida: La persistencia post-Diluvio de la corrupción Nefelinos mediante La Segunda Humanidad, resultante de uniones ilícitas sucesivas: primero entre Watcher Angels y Mujeres Humanas (AW + HW = N) produciendo

Nefelinos, y posteriormente entre Hombres Nefelinos y Mujeres Puras (NM + PW = N). Aunque el Diluvio eliminó la presencia Nefelinos encarnada dominante, la corrupción híbrida no fue borrada por completo, pues semilla alterada sobrevivió mediante transmisión oculta de linaje. La continuación híbrida explica cómo genética, naturaleza e influencia corrompidas reaparecieron después del Diluvio, no solo por nuevo descenso de Vigilantes, sino por linajes híbridos sobrevivientes integrados en la humanidad post-Diluvio. Esta continuación explica la reaparición de gigantes, pueblos corrompidos y conflicto del pacto en generaciones posteriores, demostrando que el juicio removió dominio, pero no eliminó inmediatamente toda semilla corrompida.

Corrupción Híbrida (Nefelinos): La contaminación del orden creado mediante unión ilícita entre ángeles Vigilantes y mujeres humanas, produciendo Nefelinos—seres híbridos cuya existencia alteró carne, linaje y capacidad del pacto. La corrupción híbrida no es metafórica ni meramente moral; es una violación creacional en la que ámbitos incompatibles fueron fusionados, resultando en seres y líneas de sangre fuera del diseño de Yahuah. Esta corrupción introdujo naturaleza alterada en la humanidad, interrumpió la pureza genealógica y generó descendencia cuya herencia no podía participar en la restauración del pacto. La corrupción híbrida representa, por lo tanto, un asalto directo a la creación misma, requiriendo contención, juicio y preservación de semilla no corrompida.

Hibridación: Una mezcla ilícita que viola la asignación divina de Yahuah al combinar lo que fue creado para permanecer distinto. La hibridación ocurre biológicamente mediante la mezcla de línea de sangre Nefelinos con semilla adámica pura, produciendo humanidad híbrida o mixta, y también ocurre instruccionalmente mediante la transmisión de conocimiento prohibido, enseñanzas de los Vigilantes y misterios celestiales fusionados con cultura humana.

Ya sea ejecutada por carne o por enseñanza, la hibridación produce fruto corrupto, altera naturaleza, distorsiona propósito y compromete capacidad del pacto. La hibridación biológica corrompe linaje y herencia; la hibridación instruccional corrompe adoración, percepción y alineación—sin embargo ambas proceden de la misma rebelión contra límites divinos. La hibridación explica, por lo tanto, la continuación de la corrupción Nefelinos después de eventos de juicio, pues semilla corrompida e instrucción corrompida trabajan juntas para preservar rebelión a través de generaciones.

Idolatría: La entrega de adoración, lealtad o participación del pacto a cualquier poder, sistema, ser o práctica distinta de Yahuah, incluyendo la mezcla de verdad con falsedad y la mezcla de semilla adámica pura con linaje Nefelinos corrompido. La idolatría opera mediante la adoración de demonios y espíritus malignos disfrazados de dioses, así como mediante ideologías, instituciones, tradiciones o uniones que violan los límites de Yahuah. Esto incluye la práctica prohibida de hombres puros uniéndose con mujeres Nefelinos, lo cual constituye idolatría porque fusiona semilla del pacto con origen corrompido, transfiriendo lealtad, herencia y continuidad lejos del diseño de Yahuah. Tales uniones no son meramente violaciones biológicas sino traiciones del pacto, así como la falsa adoración es una traición espiritual.

La idolatría, por lo tanto, funciona tanto espiritual como genealógicamente:

- Espiritualmente, al redirigir adoración y creencia mediante engaño y mezcla

- Genealógicamente, al corromper linaje mediante unión ilícita

Todas las formas de idolatría finalmente sirven influencia demoníaca y legado de los Vigilantes, ya sea expresada mediante adoración, sistemas de creencia, instituciones o mezcla de semilla, porque reemplazan la lealtad exclusiva del pacto a Yahuah con autoridad sustituida y continuidad corrompida.

Morada Interior: Presencia permanente del Espíritu que establece identidad y vida.

Continuidad Institucional: Persistencia de influencia mediante ley, ritual y autoridad.

Colapso Interpretativo: El error de asignar condiciones definidas posteriormente a estados textuales anteriores.

Irredimible: Más allá de la restauración debido a corrupción creacional.

Juicio: Contención divina de corrupción irreversible mediante decreto autoritativo y restricción. Aplicación de límites que termina el acceso de la corrupción y asegura orden restaurado. Aplicación de límites requerida cuando la corrupción se vuelve total y públicamente entronizada. En Week 30, el juicio no es volatilidad divina; es el acto del pacto necesario que termina un sistema irreversible cuando la rebelión alcanza plena maduración.

Linaje: La transmisión de naturaleza, herencia y capacidad mediante carne y genealogía. El linaje puede preservar semilla adámica pura alineada con el propósito del pacto de Yahuah, o puede transmitir herencia corrompida resultante de hibridación Nefelinos y rebelión. La Escritura trata el linaje como determinante del pacto porque el origen importa: el linaje puro sostiene continuidad del pacto, mientras que el linaje corrompido compromete o descalifica capacidad del pacto. El linaje funciona, por lo tanto, como preservación y exposición—revelando si la continuidad fluye del diseño divino o de un origen alterado e híbrido.

Sacerdocio de Malkîy-Tsedeq: Sacerdocio eterno cumplido en Yahusha

Maśṭêmâh: Agente angélico autorizado que supervisa prueba permitida y acusación bajo límite divino. Agente angélico autorizado encargado de prueba, acusación y ejecución bajo límite

Mezcla: La fusión ilícita de lo que Yahuah ha ordenado que permanezca distinto, resultando en distorsión de propósito y naturaleza.

Nachash: Agente engañador perteneciente a una categoría de seres angélicos portadores de luz, no una criatura serpiente. Nachash opera reenmarcando la verdad mediante distorsión, no mediante negación abierta. Al presentar verdad con énfasis alterado, consecuencia omitida o intención redirigida, Nachash introduce duda mientras mantiene apariencia de legitimidad. El engaño de Nachash funciona mediante habla, instrucción y persuasión, apuntando a la percepción más que a la fuerza. La asociación con una "serpiente" es descriptiva de función (astuto, sutil, penetrante), no de forma biológica. Como ser de luz, Nachash era capaz de comunicación, razonamiento y reenmarcado de Yada Yahuah, haciendo el engaño efectivo precisamente porque parecía iluminado más que hostil.

Nefelinos: Seres híbridos originados de uniones ilícitas Vigilante–humano

Nueva Creación: Transformación de naturaleza en lugar de corrección de comportamiento. Una humanidad introducida con un origen distinto, no una forma mejorada de la antigua.

Nueva Yarushalayim: La morada prometida de Yahuah con los justos, descrita como descendiendo a la tierra, donde restauración del pacto, justicia y presencia divina se realizan plenamente y no como escape de la creación.

Sistemas Ocultos: Marcos originados en transmisión de los Vigilantes, marcados por secretismo y control

Pornía (πορνεία): La expresión integral de traición del pacto, que abarca todas las formas de mal que se presentan como legítimas, justas o divinamente sancionadas. Pornía no se limita a inmoralidad sexual; incluye falsa adoración, idolatría, uniones ilícitas, mezcla doctrinal, corrupción institucional y alianza con autoridad ilegítima—todo disfrazado de fidelidad. En el Nuevo Testamento, y especialmente en Apokálypsis, pornía funciona como una categoría totalizante de rebelión, describiendo cómo el engaño envuelve creencia, adoración, gobierno e identidad. Es prostitución espiritual: el abandono de lealtad exclusiva del pacto a Yahuah a cambio de poder, protección, legitimidad o supervivencia dentro de sistemas corrompidos. Pornía reúne, por lo tanto, toda manifestación de mal—biológica, espiritual, instruccional e institucional—en un solo veredicto del pacto: violación presentada como justicia. Mediante pornía, las naciones son seducidas a confundir corrupción con obediencia y rebelión con fidelidad.

Corrupción Posterior al Diluvio: Reaparición del desorden mediante línea de sangre, espíritus, engaño y sistemas

Existencia Pre-Manifiesta: Existencia asignada por Yahuah antes de aparición física en el tiempo.

Custodia Sacerdotal: Mayordomía designada por pacto de Dabar Yahuah

Sacerdocio: El orden designado por pacto apartado para ministrar delante de Yahuah y para enseñar, preservar y administrar Su Tôrâh entre el pueblo. El sacerdocio no es meramente liderazgo religioso; es un oficio del pacto autorizado con responsabilidades y límites definidos.

Remoción: Terminación de corrupción que no puede heredar propósito del pacto.

Remanente Corrupto: Residuo de línea de sangre Nefelinos y enseñanzas derivadas de los Vigilantes que sobreviven al juicio, permitiendo que linaje, conocimiento e influencia corrompidos persistan, reaparezcan y propaguen rebelión a través de generaciones posteriores.

Reemplazo: Instalación de portadores alineados capaces de sostener la ejecución del pacto.

Resurgimiento: Retorno de la corrupción mediante memoria y conocimiento en lugar de fuerza.

Restauración: Reemplazo de alineación corrompida mediante llamamiento divino. La liberación irreversible de la creación hacia su diseño original una vez que la corrupción es removida.

Rebelión: Es la salida organizada del orden de Yahuah, originada en la transgresión de los Vigilantes y perpetuada mediante enseñanza no autorizada, violación de límites y conocimiento distorsionado. La rebelión aliena a la humanidad de la verdadera Tôrâh de Yahuah introduciendo estructuras, narrativas y sistemas alternativos que imitan autoridad mientras rompen alineación del pacto. La rebelión puede usar sistemas, enseñanzas e incluso formas administrativas, pero se define por origen y lealtad, no por estructura.

Guerra de la Semilla: El conflicto creacional continuo entre la línea de sangre adámica pura y la instrucción alineada con Yahuah, y los linajes y enseñanzas Nefelinos corrompidos y adversariales que se oponen a la continuidad del pacto. La Guerra de la Semilla se libra mediante linaje, adoración, creencia, instrucción y autoridad, no meramente mediante violencia, y culmina en juicio final cuando semilla y doctrinas corrompidas son removidas permanentemente.

Intoxicación Espiritual: La condición en la cual el discernimiento es deteriorado mediante exposición sostenida a la devoción redefinida de Babel. La intoxicación espiritual explica por qué las naciones están "ebrias": no por carecer totalmente de verdad, sino por quedar incapaces de distinguir obediencia del pacto de corrupción sancionada.

Guerra Espiritual: Resistencia al engaño mediante verdad, obediencia y alineación con la Palabra.

Rebelión Sistémica: Engaño organizado incrustado dentro de estructuras de autoridad religiosa, política, económica e instruccional, mediante el cual la rebelión contra Yahuah es normalizada, preservada e impuesta. La rebelión sistémica opera redefiniendo legitimidad, mezclando verdad con falsedad e institucionalizando enseñanza corrompida para que la oposición al orden de Yahuah parezca lícita, justa y necesaria.

Tercera Humanidad: Producida por la unión post-Diluvio de Hombres Puros y Mujeres Nefelinas (PM + NW= MH), en la cual el Pure Man transmite el Ruach y la Mujeres Nefelinas transmite herencia corrompida, resultando en una condición humana parcialmente corrompida e internamente dividida con la capacidad de inclinarse ya sea hacia Yahuah o hacia el mal.

Trono (de Babel): La forma madura de rebelión post-Diluvio en la cual la desafianza ya no está localizada por proximidad (torre), sino institucionalizada mediante gobierno, adoración, economía y doctrina. El trono representa autoridad centralizada que gobierna por regulación y redefinición en lugar de violencia caótica.

Tôrâh (תּוֹרָה): Instrucción, ley o enseñanza emitida por Yahuah. Tôrâh representa la verdadera regla y medida de autoridad divina, existente antes y más allá de categorizaciones humanas posteriores.

Transmisión: El traspaso de influencia, conocimiento o corrupción de una parte a otra mediante instrucción, imitación o participación.

Dos Tipos de Humanidad: Dos condiciones espirituales de la existencia humana, no dos creaciones

Desafianza Universal: La etapa final de rebelión en la que reyes, naciones, mercaderes y estructuras religiosas están unificados bajo la redefinición de adoración y autoridad de Babel. La desafianza universal no es meramente pecado extendido, sino oposición del pacto coordinada mediante sistema compartido.

Violencia: La manifestación externa de la corrupción consumiendo humanidad y creación.

Ángeles Vigilantes: Emisarios autorizados originalmente designados por Yahuah para observar, instruir y testificar a la humanidad respecto a juicio, orden y rectitud. Estos mismos seres luego violaron su naturaleza y autoridad asignadas, corrompiéndose mediante unión ilícita con mujeres humanas y la transmisión de conocimiento prohibido, iniciando corrupción híbrida y rebelión. Como resultado de esta transgresión, los ángeles Vigilantes fueron confinados y restringidos, removidos de su función anterior y encerrados esperando juicio final, incapaces de continuar interacción directa con la humanidad. Su rebelión, sin embargo, persiste indirectamente mediante el legado de linaje corrompido, enseñanzas y espíritus desencarnados que siguieron su caída.

Legado de los Vigilantes: La transmisión continua de corrupción mediante enseñanzas ocultas, conocimiento prohibido y misterios revelados dados por los ángeles Vigilantes a la humanidad—enseñanzas nunca destinadas para posesión o uso humano. Este legado persiste mediante instrucción más que encarnación, conduciendo a la humanidad a engaño, mezcla y finalmente perdición, porque tal conocimiento excede la asignación humana y viola el orden divino.

Marco de Humanidad (Alfabetizado por Nombre de Entrada)

La Primera Humanidad: (Y + A = FH): Yahuah → Adam = Primera Humanidad Origen puro, incorruptible, Espíritu-primero. La Primera Humanidad es creada directamente por el Ruach de Yahuah.

La Segunda Humanidad: (AW + HW = N & NM + PW = N)

Humanidad alterada mediante corrupción introducida por rebelión de los Vigilantes

Ángeles Vigilantes + Mujeres Humanas = Nefelinos and Hombres Nefelinos + Mujeres Puras = Hibridación Continua. La Segunda Humanidad no es humanidad caída — es humanidad alterada.

La Tercera Humanidad: (PM + NW = MH)

Hombres Puros + Mujeres Nefelinas = Humanidad Mixta. Esto no es restauración. Esto es humanidad biológica restaurada, pero espiritualmente dañada.

La Tercera Humanidad — La Variante: (Y ⊕ HW = Y)

Yahuah (Ruach) + Mujer Humana (Miryam) = Yahusha. Nace la Nueva Humanidad Espiritual

El Retorno a la Primera Humanidad: (Y + RT = FH):

Yahusha (la Variante perfeccionada) + Transformación de Resurrección, la Primera Humanidad plenamente restaurada.

www.ingramcontent.com/pod-product-compliance
Lightning Source LLC
LaVergne TN
LVHW080334110826
845155LV00027B/238

* 9 7 8 1 9 4 6 2 4 9 5 8 6 *